Coufitene- la Convention

LE VER RONGEUR,

COMÉDIE

8452

EN TROIS JOURNÉES, EN CINQ ACTES

ET EN VERS.

PAR M. G. MALVOISINE.

———⊶◆⊷———

A Angers,

CHEZ LAUNAY-GAGNOT, IMPRIMEUR-LIBRAIRE.

A PARIS,

CHEZ DELLOYE, PLACE DE LA BOURSE.

———

1839.

LE VER RONGEUR,

COMÉDIE

EN TROIS JOURNÉES, EN CINQ ACTES

ET EN VERS.

PAR M. G. MALVOISINE.

A Angers,

CHEZ LAUNAY-GAGNOT, IMPRIMEUR-LIBRAIRE.

A PARIS,

CHEZ DELLOYE, PLACE DE LA BOURSE.

—

1839.

ANGERS, IMPR. DE LAUNAY-GAGNOT.

A Monsieur Odilon Barrot.

J'écris au milieu du tumulte. Le courrier apporte les dépêches, on ouvre les journaux, on attend un cabinet qui réponde aux besoins du pays, et que trouve-t-on? des nullités, des résistances, des embarras et un avenir probable qui glace tous les cœurs et rembrunit les imaginations les plus sereines...

Je veux pourtant sortir de ces inquiétudes et vous parler de ma comédie. Je regrette beaucoup, Monsieur, de n'avoir à vous dédier qu'une pièce qui n'ait pas été représentée et qui soit encore tout-à-fait obscure et inconnue. Une œuvre dramatique n'a de prix qu'autant qu'elle a passé par le théâtre, mais je ne suis point en mesure d'obtenir aujourd'hui cet avantage pour l'œuvre de mes soins et de mes veilles.

Après une longue absence et de nombreuses courses, le sort m'a ramené sur les bords de la Loire où je suis né; j'y vis entouré de fleurs et de livres, et je ne puis me rendre en ce moment à Paris. Je sais que j'ai, là bas, des amis et même de fort tendres, mais ils sont occupés de choses qui les détournent de cette route des coulisses, route épineuse, semée d'ennuis et dans laquelle ils seraient fort imprudents de se lancer pour moi. Je n'en retirerais aucun profit et quelque chaleur qu'ils consentissent à y mettre, je doute qu'ils parvinssent à faire arriver ma pièce jusqu'au *comité de lecture*.

Quand une audience me serait assignée, mon ouvrage serait-il écouté avec patience, serait-il reçu? non, monsieur, non.

Reçu au théâtre, conviendrait-il à la censure? je ne le pense pas.

A supposer qu'il fut admis par les censeurs, serait-il accueilli du public? je n'oserais m'en flatter.

Voyez que de filières !

Et quand ma comédie serait lue, acceptée, mise en scène, applaudie au parterre et soutenue des claqueurs, n'aurais-je pas à craindre les gazettes qui voudraient en arrêter le succès et la vente ?

J'attaque tout dans mes vers et je dois tout appréhender. J'attaque tout ce qui est haïssable, mais ce qui est digne de haine ne veut pas souffrir qu'on le lui dise en face. Si je ne fais de grâce à personne, personne ne m'en fera. Ce qu'en ce monde, bâti comme il est, on redoute et l'on déteste le plus, c'est la vérité et je m'en fais l'apôtre. Il n'y a point de bûcher assez rouge pour m'y précipiter tout vivant et m'y rôtir.

On dit par fois la vérité à la tribune ; on ne la permet point au théâtre et c'est, monsieur, une des singularités de notre époque : la chambre marche, la presse avance, et la comédie recule.

Molière eut un roi pour faire jouer *Tartufe* et les *Fâcheux*, où il tournait en ridicule la fausse dévotion et la cour. Beaumarchais trouva l'autorité d'une reine pour appuyer son *Figaro*, qui drapait les grands, les petits, et faisait la guerre aux tribunaux iniques.

A l'heure qu'il est, il n'y a ni roi, ni reine qui se mêlent de ces choses, et si le château intervenait, ce serait, j'imagine moins pour protéger que pour suspendre. On hésite surtout, on remet et l'on paralyse tout. C'est le train du jour, la pente du siècle. Tout ce qui remue fait peur. Comme il n'y a de principe avoué et d'assiette nulle part, on voit péril et hostilité partout.

Je vous assure, Monsieur, qu'un poète comique est bien en peine, enlacé qu'il est dans les préventions et les terreurs. Les comédiens ne veulent blesser ni les financiers qui ont des loges, ni le parti-prêtre qui a du crédit, ni les marchands qui montent la garde et garnissent la galerie, ni les magistrats et les maires qui sont députés et qui votent pour les subventions, ni les écrivains de feuilleton qui agissent puissamment sur la recette; en sorte que pour être bien vu d'eux il faut leur brosser des tableaux de fantaisie et de caprice, il faut avoir des mœurs de carnaval et de convention, il faut inventer un style flasque et tiède qui ne rime à rien, ne mène à rien et qui fasse de l'argent, mais sans tirer à conséquence.

Nous avons une *classe moyenne organisée*, une *bourgeoisie colet monté* qui est d'une susceptibilité très-incommode. Les marquis d'autrefois étaient de meilleure composition sur ma parole. Les médecins entendaient raillerie, mais un filateur, un notaire et toute cette race à laquelle on a donné des épaulettes, a de ces vanités immaniables dont la comédie ne peut se sauver. *Turcaret* ne passerait pas devant elle ; madame *Patin* est proscrite; si monsieur *Jourdain* se montre de loin en loin c'est à cause du maître de langue et de philosophie qu'on bat et qu'on bafoue. Le drame, pour s'arranger au ton de l'aristocratie de comptoir et de greffe, puise ses sujets à l'hôpital et à la morgue. On met sur la scène des aveugles, des sourds-muets et des épileptiques ; on passe en revue toutes les maladies de la matière vile ; ou bien, si l'on essaye de faire rire, c'est aux dépens des *patriotes*, des *bons citoyens*, des hommes qui ont sacrifié leur fortune et leur vie pour les droits du peuple et pour les grands intérêts de la France ; on livre leurs noms, fort peu masqués, à la risée; c'est là ce qui plaît et ce qui enchante ; c'est avec cela qu'on atteint aux pensions, aux croix, au fauteuil ; et moi, monsieur, suis-je raisonnable, en un tel chaos, de faire, sans ménagement une comédie où

Je nomme un chat un chat et Rollet un fripon?

suis-je sage de me placer en travers de l'usure et de l'agiotage qui s'avancent sur moi au galop? et de braver leur éclat et leur colère, pour ne faire de belle part qu'à la noble et haute intelligence, et n'ériger d'autel qu'à la vertu?

Non, monsieur, je n'ai nulle prudence de m'aventurer de la sorte, moi si grêle, si faible et qui suis en butte à tous les vents furieux ; je m'accuse le premier de mes torts et, pour vous le dire, dans cette publication que je hasarde, je ne me flatte pas d'un grand débit. Je ne tire mon ouvrage qu'à un petit nombre d'exemplaires et je ne le fais imprimer que par conscience; par forme de protestation, quoique tardive, contre un débordement de servilisme et de bassesse qui soulève et donne des nausées.

J'appelle les forts et les habiles, je les convie d'entrer dans l'arène, il y a une lutte violente à engager; il y a une hydre à combattre et à vaincre. L'avare, l'égoïste, le plat courtisan, le fourbe, le fat ébouriffé, tous triomphent, s'engraissent, se casent et sont devant nous gorgés de faveurs. Ils boivent le sang et la sueur du pauvre, ils sucent l'impôt comme le lait et tarissent la source des prospérités nationales. L'honnête homme est dans l'ombre, exilé. On le rejette aux rivages lointains, on l'abreuve de dégoûts, on l'accable d'outrages; c'est là ce qu'il faut aujourd'hui reconnaître, mais demain, monsieur, tout peut changer!

Deux révolutions se sont faites, en 1789 et en 1830; peut-être le moment viendra-t-il où elles porteront leurs fruits. Vous poussez à ce résultat; M. Thiers vous seconde. Je sais ce que peuvent avec vous les Arago, les Lafitte, les Mauguin, les Havin, les de Sade. Ah! ne vous séparez pas, ne vous déliez pas, la France vous regarde, demeurez tous fidèles au drapeau, fidèles au poste; et bientôt vous aurez la gloire de ramener le régime de la liberté, le règne de la justice qui est la seule garantie de la stabilité du trône.

La France veut le trône et l'égalité. C'est une alliance qu'il faut cimenter pour le repos de tous. On y arrivera par une volonté forte et quand cette ère nouvelle sera ouverte, c'est alors que les arts, les sciences créatrices et les lettres prendront un essor prodigieux pour la régénération de tout le corps social.

J'attendrai, non sans impatience, que ce mouvement d'ascension se réalise. Quand cette influence des gens d'honneur se fera sentir dans le gouvernement et dans ses rouages, le théâtre sera dégagé de ses fers et il reprendra sa mission sous l'égide et l'œil de la loi. En ce temps-là ma pièce aura son cours et l'heure des grandes épreuves sonnera pour elle.

Jusqu'à l'accomplissement de ces vœux, lisez mes feuilles sans humeur s'il est possible, et agréez, monsieur, cet hommage que je vous en fais; hommage pur, qui vous est offert par un cœur bien vivement associé à vos desseins; par un admirateur sincère de l'attitude que vous avez prise dans les débats législatifs.

La poésie doit tribut à cette politique généreuse qui se pose en médiatrice entre tant de prétentions rivales, au-dessus de tant de cruelles agitations; et tout esprit d'épigramme cesse, pour faire place à l'affection et à la louange, devant un talent si pur, une âme si haute, un caractère si indépendant qui se manifestent dans vos nerveuses et brillantes improvisations.

Je termine comme j'ai commencé, par la *crise ministérielle*. Il n'y a pas de salon, pas de boutique, pas de chaumière si enfoncée où l'on ne parle avec anxiété de ces tiraillements de portefeuilles. L'orage sera passé quand ceci paraîtra, mais j'ai voulu constater à vos yeux cette situation des contrées de l'ouest. Nul n'y est étranger et insensible aux allées et venues des sommités parlementaires. Tout récemment, il a passé en Anjou un abbé parti de la rue du Bac, et dans ses *stations* chaleureuses, pour captiver l'attention de son église, il n'a rien trouvé de mieux et de plus sûr que de glisser au milieu de ses périodes mystiques, des allusions fréquentes et de piquantes tirades sur les dangers ou les espérances de la couronne, sur l'audace et la tendance des partis. S'il a fait de la politique dans ses sermons j'en puis mettre aussi dans mon épître et j'avouerai que ma pièce en est remplie. Ce sont là maintenant nos rêves, nos coutumes, nos ressources. Il n'y a plus de passion chez nous qui ne soit teinte de quelqu'une des nuances entre lesquelles nos populations se partagent. Heureux mille fois le génie persévérant et courageux qui saura les fondre et les réunir toutes; heureux l'homme d'état, l'homme de bien, qui, renversant les barrières fatales de l'orgueil, de la brigue et de l'envie ralliera tant de lueurs errantes, tant d'opinions contraires, pour n'en faire plus qu'un foyer commun où se rallumera l'amour de la patrie !

F. G. MALVOISINE.

A Angers, le 30 avril, 1839.

PERSONNAGES.

BALAINVILLE , Capitaliste.

MADAME BALAINVILLE , sa femme.

JULE BALAINVILLE , officier , leur fils.

L'ONCLE , savant , frère de Balainville.

ROBERT , domestique du capitaliste.

DUBOURG , avocat.

SARA , fille de Dubourg.

VAULÉON , contrebandier.

MAUCLER , courtier-marron.

D'HÉRICOURT , intriguant de haute volée.

LE SECRÉTAIRE du ministre des finances.

UN HUISSIER d'annonce.

Mesdames GIRARD, DUCHEMIN et RIVAS.

LE SACRISTAIN et le NOTAIRE.

ELECTEURS, SOLLICITEURS, COMMIS, TAMBOURS , HABITUÉS de la BOURSE , LAQUAIS.

AVIS SUR CERTAINS MOTS.

Le dictionnaire de l'Académie française ne donne point le nombre des syllabes; souvent on est embarrassé : c'est une lacune qu'il faudrait remplir. A défaut d'une règle posée par l'Institut, j'ai suivi les indications du dictionnaire grammatical de Vincent, excepté dans une occasion. Vaugelas fait *ruiner*, *ruiné* de deux syllabes, et *ruine* de trois; j'ai préféré Saint-Evremond qui fait toujours ru-i-ne, ru-i-ner, ru-i-né, de trois syllabes , et ru-i-né-e, de quatre.

De même , j'ai constamment fait *hi-er* de deux syllabes.

S'il y a dans ma pièce des fautes d'impression je m'en remets au lecteur pour les rectifier. Quant aux fautes de style, de sens, elles me regardent et j'en porterai la peine.

LE

VER RONGEUR.

PREMIÈRE JOURNÉE.

ACTE PREMIER.

Le Théâtre représente le grand salon de M. Balainville.

SCÈNE Iʳᵉ.

BALAINVILLE, ROBERT.

(Le domestique suit son maître et l'examine, tout surpris qu'il est de lui voir deux grosses épaulettes et la croix d'honneur.)

ROBERT.

Colonel ?

BALAINVILLE.

Colonel !...

ROBERT.

C'est un honneur insigne !

BALAINVILLE.

Mais qu'as-tu donc, Robert ? n'en étais-je pas digne ?

ROBERT.

Digne cent fois, Monsieur.... et de plus le cordon ?

BALAINVILLE.

D'une pierre deux coups , quand on prend du galon
On n'en saurait trop prendre, et l'affaire est complète.
Dès long-temps je briguais la croix et l'épaulette,
Les voilà toutes deux.

1

ROBERT.

Et dans le même jour !

BALAINVILLE.

L'une par le commerce et l'autre par la cour.
Le commerce fait l'or et la cour fait la gloire.
Des deux façons je vise au temple de mémoire.

ROBERT.

C'est bien visé !

BALAINVILLE.

David aurait au Panthéon,
Si je l'avais connu, placé mon médaillon.

ROBERT.

Dantan vous reste

BALAINVILLE.

Lui ? tu crois que ma figure
Mérite les honneurs de la caricature ?
Cela se pourrait bien et je n'en ai pas peur,
Le parodiste mord aux hommes de valeur ;
On n'a pas oublié le serpent et la lime.
Qu'il vienne, je l'attends. L'almanach qu'on imprime,
Indicateur banal mais sûr, en vingt endroits ,
Peut additionner mes impôts et mes droits :
Là pour l'état-major et plus loin pour la banque ?
Electeur, éligible... et qu'est-ce qui me manque ?
Chaque trait, chaque page est un titre nouveau
Que tu feras graver un jour sur mon tombeau:
C'est la mode ; mais va, fais descendre ma femme.

ROBERT.

Certes, je vais courir.... quel bonheur pour Madame !
Et quel triomphe aussi! car on n'ignore pas
Ce qu'elle a pris de soins , ce qu'elle a fait de pas
Dans le but d'arracher à la chancellerie
Ce ruban qui faisait l'objet de votre envie.

BALAINVILLE.

On ne peut s'en passer et tout le monde l'a.
Tous nos gens comme il faut, qui les jours d'opéra
Se pressant au foyer, colportent les nouvelles;
Mêlent au sérieux cent folles bagatelles,
Donnent l'impulsion et pour le lendemain
Préparent en riant un riche coup de main ;
Vont dans la loge au *Duc* faire la révérence;
Flattent l'homme d'état et s'y prennent d'avance
Pour des arrangements qui se feront plus tard !

ROBERT.

Quelles combinaisons !

BALAINVILLE.

      Tout cela c'est un art
Que l'on ne peut devoir qu'à de longues études
Et quelquefois, Robert, à des épreuves rudes !...
Quant au grade élevé dans notre légion......

ROBERT.

Le chef !

BALAINVILLE.

    Il a de quoi fixer l'attention.
Un banquier sans cela n'est qu'un homme ordinaire
Et c'est un premier pas qu'il est forcé de faire.

ROBERT.

Madame a bien senti cette nécessité
Et son zèle à la fin l'aura donc emporté !

BALAINVILLE.

Je suis fort satisfait de ma chère compagne,
Elle est pour me servir jour et nuit en campagne.
De ma dette envers elle il me faut acquitter
Et sur un point d'abord il la faut contenter.
Fais venir le tailleur, qu'il prenne ses mesures,
Je te fais galonner sur toutes les coutures.

ROBERT.

Votre vieux domestique...?

BALAINVILLE.

      Au grade de laquais
Je vous fais tous monter, vous suivez le progrès
De ce faste élégant qui se base et s'appuie
Sur le sol graniteux de la haute industrie.
De cet appartement j'ai donné congé...

ROBERT.

          Bah !
Vous étiez comme un prince, et par quel motif?

BALAINVILLE.

          Ah !
Ma femme a la-dessus des raisons fortes...

ROBERT.

          Peste
(A part.)
Si Madame le veut !... il ne fait pas un geste,
Il ne dit pas un mot sans la permission
De sa femme....

BALAINVILLE.

Elle a fait le choix d'une maison
Dans la nouvelle Athène, une maison charmante,
Ou plutôt un hôtel qu'on vient de mettre en vente.;
Je l'achète, à six mois, et je paierai comptant
Pour rabattre au vendeur l'intérêt de l'argent.

ROBERT.

(A part.)
Intérêt de l'argent, usure colorée....

BALAINVILLE.

Que dis-tu ?

ROBERT.

J'ai déjà l'instinct de la livrée.

BALAINVILLE.

Pense à ce qu'on n'ait plus rien à te reprocher.

ROBERT.

Vous demandez Madame et je cours la chercher.
(A part)
De ces projets nouveaux sur lesquels on spécule
Je ferai bien, je crois, d'avertir Monsieur Jule.
Courons.... (Il sort.)

SCÈNE II.

BALAINVILLE , seul.

Quand deux époux ne rament pas d'accord
Leur barque rarement peut entrer dans le port,
Ils sont, au sein des mers , battus par la tempête
Et contre les écueils ils se brisent la tête.
Mais quand un homme adroit se trouve associé
A l'esprit excitant d'une alerte moitié ;
Quand ils poussent ensemble au char de la fortune;
Quand loin d'eux rejetant la querelle importune
Qui se glisse trop tôt sous le toit conjugal,
Ils savent à propos marcher d'un pas égal ;
Tout leur sourit alors , tout leur devient facile ;
Ils mêlent sagement l'agréable et l'utile ;
Leurs jeux sont des profits, le sommeil, le repos
N'est qu'un calme apparent au milieu des travaux.
Toujours quelque projet roule dans leur cervelle,
Sans cesse ils vont courant quelque chance nouvelle,
L'une succède à l'autre , et si quelques revers

Se rencontrent parfois sur ces chemins divers,
La brèche qu'ils ont faite, à l'instant réparée,
Ne laisse aux noirs soucis que fort peu de durée ;
Auprès de la blessure est le baume, et jamais
Les maux les plus cuisants ne firent de progrès.
O le brillant destin ! ô la solide joie !
On enlace, on saisit, on dévore sa proie.
Tel qui croit échapper à Monsieur, aussitôt
Aux filets de Madame est repris comme un sot.
On va des doux propos à de belles promesses ;
On va du faux sourire à de feintes caresses ;
C'est un vrai labyrinthe, à ne vous point mentir,
Et dès qu'on est dedans, on n'en peut plus sortir.
        (Il va à la fenêtre.)
Quel bruit !.... c'est le tambour.... et la rue en est pleine,
Fifres, cornets, je crois qu'ils passent la centaine.
Cessez... c'est de l'argent qu'il faut donner encor.....
Montez.... le tambour-maître et le tambour-major,
Grenadiers, voltigeurs, chasseurs et compagnies
De toutes les façons.... puis des cérémonies....
Qui n'en finissent plus.... car c'est là le côté
Qui rabat, entre nous, un peu la vanité.
Pour être colonel il faut être prodigue ;
Et ce rang supérieur où vous porte la brigue
Coûte cher.... cessez donc.... plus ils frappent de coups,
Plus il faut donner...

> (Roulement des tambours qui sont en-
> trés chez Balainville et qui se rangent
> en haie dans le fond du théâtre.

        Paix....

SCÈNE III.

BALAINVILLE, Mme BALAINVILLE, TAMBOURS.

MADAME BALAINVILLE.

                    Que ce concert est doux !
Décoré... colonel.... ah ! que viens-je d'apprendre !
                    BALAINVILLE (Distribuant de l'argent
                                aux tambours.)
Buvez à ma santé....
            MADAME BALAINVILLE.
            Je ne puis me défendre,
J'en conviens cette fois, d'un mouvement d'orgueil.
Nos rivaux sont battus, nos ennemis en deuil.

LE TAMBOUR-MAJOR.

C'est pour avoir l'honneur de saluer en forme
Monsieur le colonel, l'espoir de l'uniforme,
Et le plus grand....

BALAINVILLE (Donnant de l'or et
arrêtant le zèle des tambours.)

Prenez.... c'est assez mes amis.

LE TAMBOUR-MAJOR.

Le plus grand....

BALAINVILLE.

Sans adieu.... (Les tambours sortent et
battent un ban.)

MADAME BALAINVILLE (Regardant par le balcon.)

Les voisins se sont mis
A leur fenêtre.... tous....

SCÈNE IV.

BALAINVILLE, Mᵐᵉ BALAINVILLE.

BALAINVILLE.

Nous sortons de l'ornière.
Devant nous se déploie une vaste carrière
Que d'un pas ferme et sûr il nous faut parcourir.
Ne croyez pas qu'ici je me laisse éblouir
Par ce premier degré sur lequel je me pose ;
Un homme de ma trempe achève ce qu'il ôse.

MADAME BALAINVILLE.

Bravo !

BALAINVILLE.

Cette épaulette est comme un capital
Que je ferai valoir sur la place.

MADAME BALAINVILLE.

Pas mal.

BALAINVILLE.

Gage de mon crédit auprès de la puissance,
Elle fait dès ce jour taire la concurrence.
Partout où je parais, les marchés, les emplois
Sont signés à mon heure et donnés à mon choix.
Pour notre fils je veux une bonne recette,
Recette générale.... il l'obtient ou l'achète,

Et nous ne marchons plus que l'argent à la main ,
Car c'est un moyen sûr de faire son chemin.
Officier de dragons, il passe à l'exercice
Son meilleur temps , fi donc ! il quitte le service ,
Et devient financier, membre du syndicat.

MADAME BALAINVILLE.

Epouse-t-il encor des filles d'avocat ?

BALAINVILLE.

Du tout !... à dire vrai, je sens, au fond de l'âme,
Pour mon ami Dubourg une voix qui réclame.
J'avais pris avec lui d'étroits engagements ;
Mais on ne garde plus de ces ménagements,
Toute cette morale est folle et décrépite
Et notre intérêt seul nous lie et nous excite.
Le matériel d'abord , quand il est satisfait
On veut un lustre, un rang , c'est un autre intérêt ;
Puisqu'on s'élève , on veut élever sa famille.

MADAME BALAINVILLE.

C'est cela ! que Dubourg ailleurs mène sa fille.
Mon avis là-dessus n'a jamais varié ;
Jule , facilement , sera mieux marié.

BALAINVILLE (Sonne.)

Mais faisons le venir.... A tour de bras je sonne
Ces valets fainéants.... Pierre ! Germain !... Personne ?..
(Entre un valet.)
A la fin !... Tout de suite et sans perdre de temps
Allez dire à mon fils qu'au salon je l'attends....

(Le valet sort.)

Pour lui je m'exécute.... à son profit je compte
Fonder un majorat de baron ou de comte,
Et dès lors il aspire à ces beautés de cour
Qui vendent à prix d'or la noblesse et l'amour.

MADAME BALAINVILLE.

Très-bien... de mieux en mieux... ma bru sera comtesse.

BALAINVILLE.

Manœuvrons tous les deux avec un peu d'adresse ,
Et nous arriverons au faîte des grandeurs.
Combien ne vois-je pas d'impertinents faiseurs
Qui naguère traînaient leurs guêtres en province ;
La députation les rapproche du prince ;
A peine sont-ils hors de l'arrondissement
Qu'ils se voient invités au château promptement.

Leurs yeux sont ébahis, leurs cœurs s'épanouissent,
Les scrupules bourgeois bientôt s'évanouissent;
L'un dans les bras du roi se sent presque étouffé,
L'autre voit par la reine apprêter son café;
Comment ne pas se prendre à de telles amorces!
Les plus récalcitrants vite épuisent leurs forces,
Et dès que le conseil élabore un projet,
Ils votent, mordicus, pour lui; quant au budget
Son poids paraît toujours léger à leur balance;
Ils approuvent l'impôt sans juger la dépense,
Et ces honnêtes gens après la session
Se raccrochent toujours à quelque pension.

MADAME BALAINVILLE.

Bon calcul!

BALAINVILLE.

Entre nous, c'est le mien, et j'espère
Ne me brouiller jamais avec le ministère.
Mais d'abord commençons par mettre de côté
Tout notre arrière-ban, toute la parenté,
Haro sur la cohue! au concierge on donne ordre
D'être dorénavant plus hargneux et de mordre
Sur tout ce menu peuple en fiacre voituré
Que chez nous trop long-temps nous avons enduré;
On ne doit plus céans entrer qu'en équipage.

MADAME BALAINVILLE.

A la bonne heure...

BALAINVILLE.

On sent que tout cet étalage
Attire à nos concerts les hommes du château,
Sans eux rien ne s'achève et tout tombe dans l'eau.
Dans le petit commerce on se révolte, on crie
Contre les courtisans; ce n'est que par envie,
A leur place on ferait bien pis qu'eux, à coup sûr.
Entre ces préjugés et moi, j'élève un mur.

MADAME BALAINVILLE.

A qui le dites-vous?

BALAINVILLE.

Pendant trois jours, ma chère,
La révolution fit penser au vulgaire
Que tout allait changer et qu'en nos champs féconds
Les vertus pousseraient comme des champignons.
On voulait des abus renverser l'édifice
Et, comme un holocauste, offerte en sacrifice
L'intrigue détrônée était mise au carcan,

Mais, lasse de l'exil, elle a rompu son ban
Et c'est avec transport que nous l'avons revue
Passant au Carrousel sa phalange en revue,
Flattant les gros bonnets qui lui battaient des mains,
Et mettant de côté ces faux républicains
Qui vantent le brouet comme on en fit à Sparte,
Mêlent dans leur cerveau Marat et Bonaparte,
Et veulent me prouver que les bons citoyens
Doivent tous désirer le partage des biens....

MADAME BALAINVILLE.

Ah! les vilaines gens....

BALAINVILLE.

Bien loin je les renvoie ;
Ce sont esprits mal faits qui ne mettent leur joie
Que dans l'économie et dans l'égalité ;
Moi, je veux de l'éclat et de la majesté.

MADAME BALAINVILLE.

De vous contrarier je ne suis pas si sotte ;
A l'autel du crédit je me montre dévote ;
J'ai le plus grand respect pour les gens en faveur,
Le sourire du prince est un bon au porteur.

BALAINVILLE.

A propos.... d'Héricourt a gardé le silence ?

MADAME BALAINVILLE.

Eh non !... il est à nous et je l'ai vu d'avance.

BALAINVILLE.

Vous l'avez vu ?...

MADAME BALAINVILLE.

Chez lui.

BALAINVILLE.

Vous allez ?...

MADAME BALAINVILLE.

Oui vraiment
Et dans vos intérêts je l'ai mis ; l'intendant
Du domaine privé n'est pas un personnage
Qu'il faille négliger.

BALAINVILLE.

Sans doute !... mais je gage....

MADAME BALAINVILLE.

Je gage qu'en une heure et seule, montre en main,

2

J'ai fait à nos projets faire plus de chemin
Que vous ne l'auriez pu dans plus d'une semaine.

BALAIVILLE.

Il se peut....

MADAME BALAINVILLE.

Grâce à moi, notre affaire est certaine.
Il accommodera l'échange de ce bois
Royal et bien percé que nous aurons, je crois,
Pour une lande inculte, à bas prix achetée,
Et que dans l'expertise il a très-haut portée.
S'il fallait une loi pour tout ratifier,
De la chambre on pourrait alors se défier ;
Mais près du rapporteur on tâche d'être admise
Et la majorité par lui nous est acquise.
Des biens de la couronne il faut, avec le temps,
Avoir tous les terrains qui rentrent dans nos plans ;
Un angle, puis un autre, il ne faut qu'un peu d'aide.

BALAINVILLE.

Ce d'Héricourt pourtant résistait.....

MADAME BALAINVILLE.

Il nous cède.
Le maître est clairvoyant, mais il n'est pas partout ;
Un prince est toujours prince, et l'on en vient à bout.

BALAINVILLE.

Je sais que d'Héricourt a sur lui de l'empire ;
Mais c'est un vrai serpent,....

MADAME BALAINVILLE.

Vous me faites sourire.
Il est à moi, vous dis-je, il est pris, je le tiens,
Il me croit dans ses lacs quand il est dans les miens.

BALAINVILLE.

Avec vous, mon amour, je le trouve un peu leste.

MADAME BALAINVILLE.

Avez-vous peur ?

BALAINVILLE.

Ma foi....

MADAME BALAINVILLE.

Vous êtes bien modeste !
Quelle idée est-ce là pour un ambitieux ?

Ne faites pas l'enfant, entendons-nous donc mieux.
Broncher à chaque pas !... l'important est d'atteindre
Le but où nous visons.... allons, et sans rien craindre
Suivons de nos destins et la pente et le cours.
Avec vous, s'il le faut, dans tous les lieux je cours.
Je veux être partout où se rend le beau monde ;
Sur la célébrité votre crédit se fonde,
On en a de la bonne avec un coffre-fort,
On reprend d'un côté ce qui de l'autre sort.
A l'Institut fidèle, au théâtre assidue,
Ma tribune ou ma loge est de droit retenue.
Je trouverai moyen d'avoir dans les journaux
Notre nom répété dans tous les numéros.
Tantôt, c'est un roman qu'un auteur me dédie ;
Tantôt, un comité dont je ferai partie.
J'étonnerai Paris par mon activité,
Je m'inscris au tableau de la mendicité,
Je vas à l'hôpital visiter les sœurs grises,
Si l'on quête, je veux quêter dans les églises.

BALAINVILLE.

Mais pour les Polonais on va vous inviter.....

MADAME BALAINVILLE.

Cela peut compromettre, il le faut éviter.
Je fais, pour accomplir la charité chrétienne,
La part des malheureux, mais avant tout la mienne.
Ma politique à moi, se devine aisément,
Pour le dire tout net, c'est celle du moment.
Je règle mes desseins sur la diplomatie ;
Le peuple est Polonais, mais l'aristocratie
Ne l'est pas, au contraire, et donc alors, j'en suis
Désespérée au fond, mais enfin, je ne puis
Voter pour la Pologne, elle est abandonnée ;
Elle a tort, cent fois tort, puisqu'elle est ruinée !

BALAINVILLE.

C'est parler comme un livre... il faut vous embrasser.

MADAME BALAINVILLE.

Mais regardez, Monsieur.....

SCÈNE V.

BALAINVILLE, Mme BALAINVILLE, ROBERT.

BALAINVILLE.

Tu ne peux nous laisser
Et tu ne veux jamais attendre qu'on te sonne.

ROBERT.

Quand vous saurez quel est l'objet.... et la personne...

MADAME BALAINVILLE.

D'Héricourt?

ROBERT.

Non, Madame.

BALAINVILLE.

Allons, vite le nom?

ROBERT.

C'est....

BALAINVILLE.

En finiras-tu ?

ROBERT.

Monsieur de Vauléon !

BALAINVILLE.

Vauléon ?

MADAME BALAINVILLE.

Toujours lui !

BALAINVILLE.

Je ne puis m'en défaire !
Par moi, déjà dix fois tiré de la misère.....

MADAME BALAINVILLE.

Et toujours impudent.

BALAINVILLE.

Il faut le ménager.
Réduit au désespoir, il pourrait se venger :
Il sait tous nos secrets.

MADAME BALAINVILLE.

Si la peur vous inspire,
Il vous menera loin.

SCÈNE V.

BALAINVILLE.

Prudence !

MADAME BALAINVILLE.

Va lui dire
Que ton maître en ces lieux ne peut le recevoir ,
Qu'il se rende à la Bourse.

BALAINVILLE.

Il faut pourtant savoir...

MADAME BALAINVILLE.

Rien....

BALAINVILLE.

Se contentera-t-il d'une telle réponse ?

MADAME BALAINVILLE.

Porte-la de ma part.

ROBERT.

Mais, Monsieur, il annonce
Qu'il faut absolument qu'il vous parle; un billet
Qu'il n'a pu rembourser le tourmente, il voudrait....

BALAINVILLE.

Je conçois qu'il voudrait que pour lui j'acquitasse
Tous les billets qu'il fait.

MADAME BALAINVILLE.

A la fin on se lasse.
Ne soyez plus si faible.... Allons, va promptement,
Et rejette sur lui la porte rudement.

(ROBERT sort.)

SCÈNE VI.

BALAINVILLE, Mᵐᵉ BALAINVILLE.

MADAME BALAINVILLE.

Il fallait en finir avec cette sangsue.

BALAINVILLE.

Vous verrez qu'il tiendra des propos dans la rue.

MADAME BALAINVILLE.

D'où sort un pareil homme ?

BALAINVILLE.

Il était fort bien né ;
Mais au train de Paris trop jeune abandonné,
Sans ami qui voulut veiller à sa conduite,
Son début ne pouvait avoir une autre suite ;
Il courait les brélans et fréquentait des lieux
Où les dupes encor sont ce qu'on voit de mieux.
Les dettes furent là trop faciles à faire.
Ne pouvant les payer, il passe en Angleterre,
Et la bière et le punch le viennent absorber ;
Jusqu'aux derniers degrés il se laisse tomber :
Il rôde sur le port, il couche à la taverne ;
Un instinct malfaisant et pervers le gouverne.
Près du gouffre, en arrière il se rejette en vain ,
Le cynisme est en guerre avec le genre humain.
La contrebande est un de ses moyens de vivre
Et c'est avec fureur que Vauléon s'y livre.

MADAME BALAINVILLE.

Quand l'avez-vous connu ?

BALAINVILLE.

Je vous l'ai dit déjà,
Vous n'étiez pas encor ma femme en ce temps-là ,
Ce même Vauléon, qu'à présent je maltraite,
Qu'à présent je renie et qui, je le répète
Un jour se vengera, ce même Vauléon
Pour moi faisait la fraude et me prêtait son nom.
Les gardes le guettaient, mais il payait d'audace ;
De ses pas sur la dune il effaçait la trace,
Et les Napoléons pleuvaient.

MADAME BALAINVILLE.

Bien entendu,
Il en avait sa part.

BALAINVILLE.

Mais il a tout perdu.

MADAME BALAINVILLE.

C'est sa faute. Il est temps que l'on s'en débarrasse.
Le métier qu'il a fait , eh bien ! qu'il le refasse.

BALAINVILLE.

La mine est épuisée et sans considérer
Que la douane est forte et qu'on n'ose assurer,

Il faut le dire aussi, tout le monde s'en mêle;
Les fraudeurs sur la France ont fondu comme grêle;
Quand les rois étrangers ont quitté le pays,
Leurs banquiers, leurs marchands contre nous se sont mis,
Et les Anglais surtout, inondant la frontière,
Des poteaux du tarif ont franchi la barrière.
Les riches cargaisons des sloups et des smogleurs
Débarquaient sous le plomb de leurs ambassadeurs.
La contrebande alors se faisait en litières
Et nous avions pour nous la peine et les galères.

MADAME BALAINVILLE.

Dieu! que dites-vous là!

BALAINVILLE.

Je dis la vérité.

MADAME BALAINVILLE.

Quel métier détestable!

BALAINVILLE.

Aussi l'ai-je quitté
Et je n'ajoute pas que depuis cinq années,
Sur le libre transit tant de lois sont données,
Tant de beaux réglements sont pris je ne sais où,
Qu'à mon ancien commerce ils ont cassé le cou.

MADAME BALAINVILLE.

Vous regrettez....

BALAINVILLE.

Non pas.

MADAME BALAINVILLE.

Pourtant....

BALAINVILLE.

Je suis bien aise
De vous faire, entre nous, sentir, par parenthèse,
Les solides raisons qui m'ont déterminé
A sortir d'une route où je fus entraîné.
J'ai brisé franchement avec cette vermine
Qui frise la potence et qui vit de rapine.
Sur ce brâsier ardent j'ai mis le couvre-feu
Et tiré comme on dit, mon épingle du jeu.

Mais les antécédents restent dans la pensée
De mille agents actifs dont la foule empressée
M'inquiète et me suit sous les lambris dorés
Où nous sommes tous deux vainement retirés.
Vous et moi nous voulons passer pour gens intègres,
Et nous ne parlons pas de la traite des nègres.

MADAME BALAINVILLE.

Ah! j'en frémis encor!

BALAINVILLE.

Vous voulez cependant
Qu'aveuglément je suive un conseil imprudent.
Vauléon.....

MADAME BALAINVILLE.

Que vous font aujourd'hui ses bassesses?

BALAINVILLE.

Pour étouffer sa voix, sacrifices, promesses,
J'ai fait..... Voilà mon fils! qu'il ignore toujours
Ces soins qui de ma vie obscurcirent le cours.

SCÈNE VII.

BALAINVILLE, Mme BALAINVILLE, JULE.

MADAME BALAINVILLE.

Partage nos transports... Jule, embrasse ton père,
Embrasse-moi..... quel signe est à sa boutonnière!

BALAINVILLE.

Me reconnais-tu bien?

JULE.

Vous ne m'aviez pas dit....

MADAME BALAINVILLE.

Quand de même auras-tu la croix à ton habit?

JULE.

Quand je l'aurai gagnée au champ d'honneur.

BALAINVILLE.

Superbe!
Je crois voir en mon fils un maréchal en herbe.

JULE.

Pourquoi pas ?

BALAINVILLE.

Que de fois je me suis repenti
De l'avoir fait entrer à l'Ecole Poly....
Aide-moi donc... l'Ecole.... enfin.... Polytechnique !

JULE.

Noble création !

BALAINVILLE.

Atelier satanique !

JULE

Pépinière....

BALAINVILLE.

De fous....

JULE.

Mon père....

BALAINVILLE.

De brouillons
Qui font contre les rois marcher les bataillons.

JULE.

Marcher le peuple armé contre les rois parjures;
Des lois qu'on méconnut réparent les injures....

BALAINVILLE.

C'est l'argot du parti. Tais-toi, si j'avais su,
Je t'aurais mis plutôt chez un prêtre, vois-tu;
Mais c'est qu'alors Paris ne rêvait qu'à l'armée ;
La fortune aux pieds d'or suivait la renommée.
On allait de l'avant, on partait pour Tilsit ,
Et l'aigle du héros faisait perdre l'esprit.
On dominait le monde, et les enfants du Pinde
Nous faisaient par la Perse arriver jusqu'à l'Inde.
L'Orient tout entier semblait nous être ouvert;
Et, devant nos regards , l'avenir découvert
Offrait l'attrait piquant d'un royaume en peinture ,
Dont chacun espérait avoir l'investiture.

JULE.

O gloire!....

MADAME BALAINVILLE.

Ce beau songe a duré peu de jours.

3

De nos succès trop tôt le ciel borna le cours !
Car moi, qui fais ainsi la part de la critique,
Je suivais le torrent. Après la République,
Je vis le Consulat, puis l'Empire, et d'abord
Avec tous les meneurs on me trouvait d'accord.
M'étant fait adjuger les vivres de nos troupes,
J'avais cent mille écus à gagner sur les soupes.....
J'étais dans les papiers du général Schérer,
C'était mon âge d'or que ce siècle de fer.
Au moment opportun je pris des fournitures,
Et je ne perdis rien à nos déconfitures.
C'est la paix qui fait tort ; adieu le bivouac,
Une armée inactive est un vrai cul-de-sac.
Renonce, ami, renonce à ta sous-lieutenance,
Ecoute mes conseils, entre dans la finance....

JULE.

Vous faites ma fortune et je n'ai pas besoin
De m'occuper ici nullement de ce soin.
Je suivrai donc mes goûts, j'aime le militaire.

BALAINVILLE.

Le militaire soit, mon exemple t'éclaire.
Pour avancer tu vois qu'il est plus d'un moyen ;
Je suis au premier rang du soldat citoyen.
Avec un vieux sergent tu sais que j'étudie
Cent évolutions de par la théorie.
Je fais par le flanc gauche et puis par le flanc droit
Dans le commandement je deviens fort adroit,
Et je n'ai pas besoin d'aller à la caserne
Pour savoir comme un poste à présent se gouverne.
Imite-moi, mon fils, et ne t'aveugle plus
Jusqu'à prendre ici-bas tant de soins superflus.

JULE.

Je vous écoute....

BALAINVILLE.

　　　　Bien ; mais c'est peu de m'entendre....
Tu ris.... à mes raisons il vaudrait mieux se rendre.
Tous ces petits Messieurs, de préjugés farcis,
Elevés à grands frais, tout au plus sont polis.
Ils n'ont, pour leurs aînés, ni foi ni déférence,
Ils n'ont pour leurs parents que dédains et licence.
Ils croient que pour avoir leur épée au côté

Tout doit céder aux traits de leur goût empesté.
Leur épée.... eh! mordieu? n'avons-nous pas la nôtre.

JULE.

Ne vous échauffez pas...

BALAINVILLE.

J'en vaudrais bien un autre.
Bref.... j'ai conduit ma barque et tout m'a réussi,
Ta mère me seconde et je voudrais aussi
Que tu misses la main à l'œuvre....

JULE.

Pas possible.
Fort jeune, à la richesse, on me vit insensible.

BALAINVILLE.

Tu jouis cependant de nos biens.

JULE.

J'en jouis,
Mais, de votre or, mes yeux ne sont pas éblouis.

BALAINVILLE.

Tu fais le philosophe.

JULE.

Un peu moins qu'on ne pense;
Si je ne me sens pas d'amour pour l'opulence,
C'est que mon cœur épris.....

BALAINVILLE.

Alte-là, s'il vous plait.

JULE.

Comment?

MADAME BALAINVILLE.

Ton père et moi nous avons le projet
D'un lien dont tu vas goûter les avantages.

JULE.

Sara de mon amour a reçu tous les gages.

MADAME BALAINVILLE.

Sara n'est point ton fait.... son père l'avocat
N'a pas assez de bien pour te faire un état
Convenable....

JULE.

Grand Dieu! quels mots à mon oreille

A-t-on fait retentir! je doute si je veille ?
Se pourrait-il! Eh quoi, l'avez-vous espéré?...
Je romprais de mes vœux l'engagement sacré?
Tout est prêt.... le contrat.... demain la signature....
Et je reculerais ?... Ah ! c'est me faire injure !
Mes sentiments sont nés sous vos auspices ; vous,
Mon père, vous avez formé ces nœuds si doux.

MADAME BALAINVILLE.

Il veut les remplacer par des chaînes plus belles.

JULE.

Je n'accepterai point des chaînes criminelles.
Je ne suis plus à moi, j'ai juré sur l'honneur
D'unir avec Sara mes destins et mon cœur,
Je ne suis pas d'humeur à trahir mes promesses ;
Plutôt que mes serments, périssent vos richesses,
Je ne veux rien , plus rien....

BALAINVILLE.

                    Quel éclat! que de bruit!
Nous te laissons encor y penser cette nuit.

JULE.

Mais nous devons demain nous rendre.... ce soir même,
Ce soir, avec mon oncle, avec celle que j'aime,
Nous rendre à la campagne, et dans votre château
Evitant le tumulte....

BALAINVILLE.

                    Et pourquoi s'il fait beau
N'irions-nous pas toujours? d'où naît cette pensée,
De voir la promenade à présent menacée ;
Comme toi nous aimons la campagne, parbleu,
Et quand vient le dimanche on se délasse un peu,
Il faut reprendre haleine. On met à sa voiture
L'attelage qui doit gagner sa nourriture.
Avant que de partir on a fait son courrier,
On a dit en passant deux mots à son courtier,
On est libre.... et l'on va terminer l'autre affaire....
Nous irons....

JULE.

Mettez-vous de mon côté, ma mère !

MADAME BALAINVILLE.

Ton père a prononcé, son arrêt est ma loi,
Il est dans sa famille et le maître et le roi.

JULE.

Ah! quand vous le voulez......

MADAME BALAINVILLE.

Tu ne dois rien attendre.

C. BALAINVILLE.

Obéis......

JULE.

Non, jamais!

BALAINVILLE.

Jamais?

JULE.

Quel parti prendre ?

BALAINVILLE (écoute.)

C'est la voix de mon frère.

JULE.

Ah! du moins, celui-là
Comprendra ma conduite et pour moi plaîdera.

MADAME BALAINVILLE.

Je ne puis le souffrir.... Par le ciel que j'atteste,
Le secours du bourru te deviendra funeste.

(Elle sort.)

SCENE VIII.

BALAINVILLE, L'ONCLE, JULE.

BALAINVILLE.

Vous entrez et je pars.

L'ONCLE.

Un moment....

BALAINVILLE.

Je ne puis,
J'ai des courses à faire et tout mon temps est pris.

L'ONCLE.

Dubourg est sur mes pas, il amène sa fille.

BALAINVILLE.

Votre monsieur Dubourg n'est plus de ma famille.

L'ONCLE.

Hem? quel est ce langage?

BALAINVILLE.

On s'entend.... il suffit.

JULE.

De tout ce qu'il a fait mon père se dédit :
Le bonheur de son fils n'est plus ce qui l'occupe.

L'ONCLE.

Raillez-vous, mon neveu? Me prenez-vous pour dupe?
Est-ce un renversement complet? dans la maison
Tournez-vous tout-à-coup le dos à la raison?
A-t-on mis de côté la vieille sympathie?
Les services rendus, est-ce qu'on les oublie?
Le fleuve a-t-il appris à remonter son cours?
Je le croirais plutôt que de pareils discours!
Mon frère, efforcez-vous d'effacer au plus vite
La triste impression de ce qu'il nous débite.

BALAINVILLE.

Je n'effacerai rien.

L'ONCLE.

Ah! voilà du nouveau!
Trahir un ami sûr, lumière du barreau,
Doyen des avocats qu'à Paris on renomme?
Ne vous abusez pas, je ne le crois pas homme
A souffrir qu'on le joue.....

BALAINVILLE.

Hé, qu'importe après tout,

Qu'il se fâche.

L'ONCLE.

Mais moi?.. vous n'êtes pas au bout!
Vous auriez vainement donné votre parole?
Et quel est le motif?

BALAINVILLE.

Sérieux ou frivole,
Je n'en reviendrai pas. Jule n'épousera
Qu'une femme titrée.

L'ONCLE.

Oh! c'est ce qu'on verra.
Je reconnais bien là Madame Balainville ;
Sa vanité vous gagne, et votre esprit docile
Se prête à son caprice.

JULE.

Ah! mon oncle! craignez
De l'irriter encor....

L'ONCLE.

Quoi! vous vous éloignez?

BALAINVILLE.

Chez moi, sans nul égard....

L'ONCLE.

La vérité vous blesse,
Mais n'attendez de moi ni détour, ni faiblesse ;
Votre honneur et le mien sont solidaires, non
Vous ne souillerez pas ma famille et mon nom.
Dubourg a mis en vous, en moi, son espérance ;
Sa fille et votre fils sont unis dès l'enfance.
Ils furent élevés dans le dessein qu'un jour
Un bon acte viendrait cimenter leur amour.

J LE.

Je vivais et j'étais nourri dans cette idée.

BALAINVILLE.

La fortune s'en est autrement décidée.

L'ONCLE.

Eh! que fait la fortune?

BALAINVILLE.

Ah! ce qu'elle fait? tout!
C'est elle qui gouverne et qui règne partout.

L'ONCLE.

Nous la foulons aux pieds.

BALAINVILLE.

Et le monde l'encense.
Votre allure et la mienne ont cette différence ;

Vous errez dans le vague et moi je vas au fait ;
C'est un instinct natif; je le prouve, en effet
Dès le collége on put tirer notre horoscope ;
Vous étiez déjà fort par le rhithme et le trope,
Qu'indomptable écolier, m'adonnant aux échecs,
Je disais serviteur à tous vos auteurs grecs ;
Je me moquais d'Homère ainsi que d'Aristote.
Quant aux latins, ma foi, je n'en ai pas pris note,
Et je n'avais de goût que pour les échaudés,
Le compère Matthieu, les cartes et les dés.
Le temps a confirmé ces penchants du jeune âge ;
Je suis industriel et vous vivez en sage ;
A la hausse, à la baisse, on peut me voir jouer,
Je ne me trompe guère.... et l'on peut vous louer
D'avoir fait faire un pas à la philosophie ;
Postulez un fauteuil à votre académie,
Mais, de grâce, avec moi ne prenez pas le ton
D'un pédant qui me veut donner une leçon ;
Sans vous aller chercher je saurai me conduire,
Et ce nouveau témoin peut assez vous instruire
Que j'ai quelque crédit en certain lieu....

L'ONCLE.

Pitié !
Cette croix vous rabaisse à mes yeux de moitié.
Quand, par exception, le porteur en est digne,
Je sais, autant qu'un autre, honorer un tel signe;
J'y vois le sang versé pour le bien du pays;
De bons arrêts rendus contre les favoris,
Des plans ingénieux pour sauver nos rivages
De l'horreur des fléaux qu'apportent les orages;
Des ouvrages remplis d'exemples généreux
Propres à rendre enfin tous les peuples heureux;
Mais....

BALAINVILLE.

Vous n'achevez pas ?....

L'ONCLE (à demi voix, s'éloignant).

C'est par quelque sottise
Que sa femme l'aura dans les bureaux acquise.

BALAINVILLE

C'en est trop !

L'ONCLE.

Chevalier !

JULE.

Vous dépassez le but,
Et pour mon mariage il n'est plus de salut !

L'ONCLE.

Je l'avais sur le cœur.

JULE.

Vos paroles amères
Ont mis plus que jamais le feu dans mes affaires.

L'ONCLE.

J'irai vous relancer demain à Bougival.

BALAINVILLE.

De vous en dispenser vous ne feriez pas mal.

L'ONCLE.

La maison de Dubourg est auprès de la vôtre :
Mal accueilli dans l'une, eh bien ! j'irai dans l'autre.

BALAINVILLE.

C'est un parti fort sage ; allez chez le voisin,
On ne nous verra pas nous croiser en chemin.
En attendant, restez le maitre de la place ;
Plus tard, nous verrons bien...

L'ONCLE.

Nous bravons la menace.

BALAINVILLE.

Adieu donc.

L'ONCLE.

Au revoir.

ROBERT (entre et remet des lettres à Balainville.)

Vos lettres....

BALAINVILLE.

Donne-les....
(Il parcourt les adresses et les lettres.)
Donne..... Du télégraphe on m'apprend les secrets.
Ce chiffre.... d'où me vient?... quelle est cette écriture ?

4

De quelque diplomate est-ce la signature ?...
Les rentes sont en hausse.... elles montent toujours :
Allons chez Tortoni nous assurer du cours.

JULE.

Mon père !....

BALAINVILLE.

Laisse-moi....

ROBERT.

Madame est à la porte
Et prétend qu'avec vous il convient qu'elle sorte.

BALAINVILLE.

Vite... bas le harnais...esquivons les Dubourg.

(Il sort en remettant son épée, son chapeau, son habit à
Robert, et il prend sa redingotte en courant.)

SCÈNE IX.

L'ONCLE ,   JULE.

JULE.

Quoi! sortir tous les deux....

L'ONCLE.

Rien n'y manque, et le tour
Est fait de main de maitre... Il faudra qu'on répare
Tout cet aveuglement d'un procédé bizarre.

JULE.

A Sara que dirai-je ?

L'ONCLE.

Il faut se taire encor.
En hymen, mon neveu, prudence est un trésor.

JULE.

Franchise est un devoir.

L'ONCLE.

Quand elle est nécessaire ;
Plus souvent dangereuse , elle est sottise amère ;
Tout est dans l'à-propos ; un secret bien gardé
Fait qu'on hâte le bien , et qu'un mal retardé
Laisse aux choses le temps de reprendre leur course ;

Le mystère est ici notre seule ressource.
Si Dubourg apprend tout, tout est rompu par lui,
Jule, avant d'être époux, devient veuf aujourd'hui;
Tandis que s'il veut mettre en moi sa confiance,
S'il veut mettre à profit ma longue expérience,
Je lui fais à pieds joints sauter ce mauvais pas,
Et ne me fais qu'un jeu de tout cet embarras.

JULE.

Sans peine, à vos avis, mon oncle, je me livre;
Mais que votre amitié promptement me délivre
D'une position qui ne peut convenir
A ce cœur.... dont l'ennui ne se peut contenir.

L'ONCLE.

Tous ces amoureux, tous, ont le même langage;
Sur le champ de bataille on montre du courage;
Mais le désir pressant nous trouble la raison :
Le plus fin est crédule et le brave est poltron.

JULE.

Quelqu'un vient.... ce sont eux....

L'ONCLE.

Qu'on fasse bonne mine,
En nous, en nos discours que rien ne se devine;
Par un prétexte il faut colorer avec art
De tes parents maudits l'impertinent départ.
Ainsi que moi, résiste à ton inquiétude
Et laisse à la fortune un peu de latitude.

SCÈNE X.

Les mêmes. DUBOURG, SARA.

L'ONCLE.

Eh! bonjour.

JULE.

Ah! Sara, quel charme de vous voir !

DUBOURG.

Où donc est Balainville ? et pour nous recevoir
Sa femme et lui vraiment ne font pas trop de hâte.

Nous ne sommes tous deux ni de la même pâte
Ni du même sang ; moi, pour venir j'ai quitté
Toute ma clientelle, et je m'étais flatté
Que je le trouverais au moins à ma rencontre ;
C'est dans un jour pareil qu'il faut que l'on se montre.

L'ONCLE.

Nous le représentons et vous voyez en nous
L'ami le plus sincère....

JULE.

Et le plus tendre époux.

SARA.

Cher Jule !

DUBOURG.

C'est très-bien... Mais avant que la fête
Soit mise à fin, il faut commencer par la tête....
Nous avons un contrat à signer ; à l'autel
Nous irons faire ensuite un serment solennel ;
Puis après, le festin, la danse à la campagne ;
La plus franche gaîté sera notre compagne ;
Voilà nos vieux projets qui se vont accomplir ;
Voilà d'autres devoirs qu'il vous reste à remplir...

JULE.

Ne craignez pas, Monsieur....

SARA.

Ne doutez pas, mon père...

JULE.

Plus que jamais, Sara, vous me devenez chère,
Et rien ne peut briser le lien qui nous unit.

SARA.

Rien... briser... que dit-il ?

L'ONCLE.

Il ne sait ce qu'il dit.
L'espoir d'un si beau jour l'agite et le transporte.

DUBOURG (regardant vers la porte d'entrée).

Mais quoi ? mes yeux en vain tournés vers cette porte ,
Attendent Balainville.... Est-ce qu'il n'est pas.....

L'ONCLE.

Non.

JULE,

Ne vous tourmentez pas.

DUBOURG.

Singulière façon
D'agir avec les gens un jour de mariage !
Et dans son cabinet...   (Il marche vers la porte du cabinet qu'il
                          entr'ouvre.)

L'ONCLE.

Il n'est pas davantage.

DUBOURG.

Pour le coup, c'est trop fort.

L'ONCLE.

Il devait être ici
A l'heure où vous deviez vous y trouver...

DUBOURG.

Sorti !

L'ONCLE.

La Bourse apparemment était sur son passage,
Il croit qu'il faut toujours y montrer son visage ;
Vos biens vont se confondre, et les chances qu'il court
Sont communes à vous comme à lui.

DUBOURG.

Vain détour !
J'ignore si nos biens sont près de se confondre,
Mais je sais qu'on nous laisse en ces lieux nous morfondre,
Et pour le dire net, je ne suis pas content ;
On ne me vit jamais pointilleux, mais pourtant
Je dois être choqué.... Lui-même indique l'heure ,
Ponctuel, empressé, j'arrive à sa demeure,
Et Monsieur est dehors.... et Madame après lui
Disparaît comme une ombre.... On dirait qu'ils ont fui.

L'ONCLE.

Quelle idée est-ce là ?

DUBOURG.

Si je le pouvais croire...

SARA.

L'heure, sans doute, a pu sortir de sa mémoire.

DUBOURG.

D'un crédit éphémère il est trop entiché ;
C'est le jeu qui le pousse.... Un abîme est caché
Sous les fleurs que son char foule en fendant la presse.
Ceux-là que sa tiédeur et néglige et délaisse
Vers eux peut-être un jour le verront accourir...
Les retrouvera-t-il prêts à le secourir ?
De lui tendre la main auront-ils la sottise ?

SARA.

Pour un léger retard.....

DUBOURG.

Mais que rien n'autorise.

SARA.

C'est bien de la rigueur.

DUBOURG (à Sara.)

Et ce n'est pas aussi
Pour la première fois qu'il se conduit ainsi....
Madame Balainville, insolente et coquette,
En prenant de grands airs, fort lestement nous traite,
Et ne se gêne pas pour te faire sentir
Qu'en devenant sa bru tu lui dois obéir.

SARA.

J'obéis sans effort.

DUBOURG.

Ta molle complaisance
En cette occasion passe la convenance
Et je te la reproche.

SARA.

Ah ! veuillez vous calmer ;
Epargnez devant moi ceux que je dois aimer.

L'ONCLE.

Je ne les défends point, ils sont très-condamnables,
Leurs torts sont avérés, sans être irréparables.

DUBOURG.

Ils m'ont joué cent tours... mais à ce trait nouveau
La mesure est comblée et c'est la goutte d'eau.

L'ONCLE.

Dubourg !

DUBOURG.

Je ne veux plus désormais me contraindre.

JULE.

Vous partez en colère et J'aurai lieu de craindre
Que tout ce noir souci ne retombe sur moi.

DUBOURG.

Je distingue ! l'honneur est votre unique loi ;
Je sais apprécier votre délicatesse
Et ce n'est pas à vous que mon dépit s'adresse ;
C'est à cause de vous bien plutôt que je puis
Me retenir encor dans l'humeur où je suis.
Oui, c'est vous que je veux unir à ma famille,
Vous me convenez fort, vous plaisez à ma fille.
Je reviens pour vous deux à mes vieux sentiments,
Je passe par-dessus tous les désagréments,
J'excuse tout....

JULE.

Monsieur....

DUBOURG.

                    Mais vous devez entendre
Jule, que trop long-temps je ne puis vous attendre.
Il faut qu'à Bougival demain, avant midi,
L'acte soit paraphé....

SARA.

Vous viendrez, mon ami.

JULE.

Comptez-y.... nous irons.... je tiendrai ma promesse,
Et ne doutez jamais, Sara, de ma tendresse !

(Ils se séparent ; la toile tombe.)

FIN DU PREMIER ACTE.

ⱯⱯⱯⱯⱯⱯⱯⱯⱯⱯⱯⱯⱯⱯⱯⱯⱯⱯⱯⱯⱯⱯⱯⱯⱯⱯⱯⱯⱯⱯ

ACTE DEUXIÈME.

Le Théâtre représente le vestibule intérieur du palais de la Bourse.
— Arcades qui laissent voir le parquet et le fond de la grande salle.
—A droite, la femme aux journaux.— A gauche, l'homme aux cannes.

SCÈNE Iʳᵉ.

BALAINVILLE , Mᵐᵉ BALAINVILLE.

MADAME BALAINVILLE.

Dans la rue, en sortant, je les ai reconnus ,
L'avocat et sa fille....

BALAINVILLE.

Ils ont été reçus
Par Jule et par son oncle.... et gagnant de vitesse,
C'est un premier avis que notre impolitesse.

MADAME BALAINVILLE.

Mieux eût valu rester et saisir le moment,
Je leur aurais tiré mon petit compliment.
Il y faudra venir... pourquoi donc le remettre...
Je veux....

BALAINVILLE.

Ces choses-là se disent mieux par lettre.

MADAME BALAINVILLE.

Ils seront furieux.

BALAINVILLE.

Que m'importe à présent ?
Je songe au cours, au change, aux rentes...; nullement
Aux mesquines amours d'un fils qui fait scrupule
De briser une idole, un masque et qui recule

Devant quelques serments, sans conséquence faits,
En un temps où chacun en fait commerce... paix !
C'est la voix des crieurs, et le son de la cloche
Fait savoir aux élus que le moment approche.

MADAME BALAINVILLE.

La salle est vide encor.

BALAINVILLE.

Eh ! tant mieux ! le premier
J'arrive tous les jours et je pars le dernier.
Madame, c'est ici le témoin de ma gloire,
Le temple de Plutus, le champ de la victoire ;
Malheur, malheur à ceux qui s'y rendent trop tard !
L'occasion s'échappe et la fortune part.
Voyez-vous les courtiers et les agents de change ?
(En ce moment les habitués de la Bourse viennent
occuper le fond et les côtés de la scène.)
Chacun est à son poste et d'abord il arrange
Les effets, les mandats et les échantillons
Qu'il va faire courir sur la place ; les fonds,
Les sucres, les cafés, l'indigo, la garance
Passent de main en main. Une heure, une séance
Voient souvent l'un se perdre et l'autre s'enrichir.
Tel se sent au début chanceler et fléchir
Qui peut se relever avant la fermeture ;
Il suffit pour cela, d'un mot, d'une ouverture,
D'un courrier du ministre à la poste aperçu,
Ou d'un avis qu'on a sur les marches reçu.

MADAME BALAINVILLE.

Ah ! mon cher ! n'allez pas vous jeter dans la foule
De ceux dont la fortune en un moment s'écroule.

BALAINVILLE.

Cette agitation convient à ma santé,
Et je marche en courant dans cette obscurité.
Vieux croyant, du sérail je connais les issues
Et ne perds pas le temps à faire des bévues.
Vous ne pouvez me suivre et c'est dommage, car
Je vous ferais parler à ces maîtres de l'art
Qui sur d'épais lingots fondent leur renommée.
L'approche du parquet au beau sexe est fermée,
On a craint le babil.....

5

MADAME BALAINVILLE.

Ou l'on a craint plutôt
L'adresse qui d'abord vous eut mis en défaut.

BALAINVILLE.

Le Potose est du moins soustrait à vos caprices,
Et vous n'avez le droit que d'être spectatrices.
Montez au tribunal, à travers les carreaux
Assistez au procès de nos Dandins nouveaux.
Admirez l'escalier et voyez les murailles
Par Abel de Pujol couvertes de grisailles ;
Ces miracles du jour, qu'on brosse à peu de frais,
Sont plats comme la main quand on les voit de près.
A l'huile on a sculpté le cintre et la corniche,
La charpente est en fonte et la voûte est postiche.
On dit que l'architecte eût gagné cent pour cent
S'il eût en pan de bois construit le monument ;
Et, quand cet habile homme en fut à la façade,
J'aurais voulu qu'en plâtre il fît la colonnade !
Mais trève à ce discours.... je vois l'associé
Du plus fameux banquier d'Autriche ; il est lié
Avec les cabinets de toutes les puissances ;
Londres, Vienne, Berlin sont dans ses dépendances ;
Pour la paix, pour la guerre, on n'ose faire un pas
Que selon qu'il le veut ou qu'il ne le veut pas ;
Il règle les emprunts, détermine l'escompte,
Fait l'allure des cours ou plus lente ou plus prompte,
Et du fond d'un comptoir ou du coin d'un pilier
Il donne la réplique à l'univers entier.
Il faut que je l'accoste, il peut nous être utile.
Où vous retrouverai-je ?

MADAME BALAINVILLE.

Ah ! mon cher Balainville !
Quand serez-vous ainsi le seigneur suzerain
De quelques millions !

BALAINVILLE.

Nous sommes en bon train.
Que vous manque-t-il ?

MADAME BALAINVILLE.

Rien....

BALAINVILLE.

Encor ?

MADAME BALAINVILLE.

Je le repète
Rien. Vous me chicanez un peu sur ma toilette;
Mais j'ai le cœur soumis.

BALAINVILLE.

Je sais ce que j'y mets.

MADAME BALAINVILLE.

Tout ce que j'en puis faire est dans vos intérêts.
On juge volontiers du mari par la femme
Et j'ai dû vous valoir au total.....

BALAINVILLE.

Eh ! Madame,
Ne contrôlons pas trop vos opérations :
Je crois sans plus d'enquête à vos intentions.
De vos services donc allez grossir la liste ;
Passez chez la lingère et puis chez la modiste;
Faites un long mémoire, on me l'apportera
Et, sitôt réglement, mon caissier soldera.

MADAME BALAINVILLE.

Bien dit! ce dévoûment aura sa récompense.
Voici la fin du mois, époque d'échéance,
C'est l'instant d'acheter ; les plus rares objets
Dans tous les magasins sont ¡donnés au rabais.
Je vous fais profiter de tous ces bénéfices
Et ce sont de ma part de réels sacrifices,
Que d'autres font payer deux fois à leurs maris
Les chiffons qu'à crédit sans compte elles ont pris.
Mais je vous gâte moi, j'ai de la conscience.

BALAINVILLE.

Par contre, vous avez toute ma confiance.
A tantôt.

MADAME BALAINVILLE.

A tantôt.

(Balainville sort.)

SCÈNE II.

MADAME BALAINVILLE seule.

Modèle des maris !
Il en est quelques-uns de pareils dans Paris !
Tout juste assez d'esprit, à parler sans rien feindre,
Pour se laisser mener sans souffler, sans se plaindre.
Si je lâchais la bride il ferait le rétif,
Le mors et l'éperon me le rendent captif.
Je maintiens son humeur dans un juste équilibre :
Sujet, il se croit maître ; esclave, il se croit libre :
Je ne me heurte point à ses opinions ;
Je lui glisse en douceur mes inspirations....
Femmes, à demi mot, il faut que l'on m'entende :
Pour gouverner toujours, jamais je ne commande.
Mais que vois-je ? Dubourg !....

SCÈNE III.

Mᵐᵉ BALAINVILLE, DUBOURG, SARA.

DUBOURG.

Vous n'échapperez pas ;
Cette fois, je me mets au-devant de vos pas.

MADAME BALAINVILLE.

Mais, Monsieur.....

DUBOURG.

Je sais bien que vous ne m'aimez guère ;
Qu'en dessous, constamment, vous me faites la guerre ;
Vous avez fui... c'était tout-à-fait indécent,
Et je prends ma revanche en vous avertissant
D'un péril....

MADAME BALAINVILLE.

Grand merci.

DUBOURG.

Mais sachez donc, Madame,
Le complot....

MADAME BALAINVILLE.

Un complot ?....

DUBOURG.

Que contre vous on trame.

MADAME BALAINVILLE.

C'est un conte.

DUBOURG.

Attendez et daignez réfléchir
Sur ce que le hazard nous a fait découvrir.
Allant à Bougival, nous étions à Nanterre,
Quand deux hommes.... En eux certain air de mystère
Nous fit prêter l'oreille.... ont parlé de projets
Que j'ai cru dirigés contre vos intérêts.

MADAME BALAINVILLE.

Roman.....

DUBOURG.

La singulière et folle antipathie !
Péril ou sûreté, rien n'y fait? tout s'oublie ?
Songez.....

MADAME BALAINVILLE.

Votre éloquence a perdu son procès !...

(à part.)
Il veut....

DUBOURG.

Près du mari j'aurai plus de succès.

MADAME BALAINVILLE.

Non, non....

DUBOURG.

Vos intérêts ne sont-ils pas les nôtres ?

MADAME BALAINVILLE.

Nos intérêts, Monsieur?.... Ils ne sont plus les vôtres.

DUBOURG.

Ce matin....

MADAME BALAINVILLE.

Ce matin, peut-être, mais ce soir
Le vent tourne.

DUBOURG.

En effet, j'ai dû m'apercevoir....

MADAME BALAINVILLE.

Courte avez-vous la vue ? et l'oreille tardive ?
Pour moi , j'ai l'esprit franc et la parole vive.
Si Monsieur Balainville eût goûté mes avis
Sans apprêt, d'un seul coup, vous auriez tout appris....

DUBOURG.

Appris ?

SARA.

Quoi donc ?

MADAME BALAINVILLE.

                    Sans doute, et ce qu'il n'a su faire
Je le fais.... je dirai ce qu'il a voulu taire :
Jule n'est plus pour vous un gendre....

SARA.

                    Il se pourrait !

MADAME BALAINVILLE.

Cherchez un autre amant.

SARA.

                    Jule me trahirait !

MADAME BALAINVILLE.

Trahison ! les grands mots ! bon Dieu ! Mademoiselle,
Je crois qu'au fond de l'âme il vous reste fidèle.

SARA.

Jule !.....

MADAME BALAINVILLE.

Je crois aussi qu'il se fait une loi
D'accomplir les desseins de son père et de moi.
S'il y mettait obstacle, on pourrait l'y contraindre.

DUBOURG.

Voilà ce qu'il cachait.

SARA.

                    Et ce qu'il fallait craindre !

DUBOURG.

C'est là comme on abuse et de mon amitié

Et de ma patience.... Ah ! c'est trop de moitié !
J'ai trop souffert pour toi , pour servir ta faiblesse,
Ces façons qu'aux ingrats a donné la richesse.
Le voile se déchire et découvre à mes yeux
Des sentiments si bas que j'en rougis pour eux.

SARA.

Dieu !

DUBOURG.

Je veux lui parler de la bonne manière.

MADAME BALAINVILLE.

Parlez, calomniez et donnez-vous carrière,
On connaîtra la source où naît votre dépit ;
Ceux qu'on a rebutés n'ont jamais de crédit ;
Hier encor, hier, vous vantiez nos mérites,
Vous nous accabliez de vos longues visites ;
Aujourd'hui, brusquement, si vous changez de ton
Dans vos méchancetés vous accueillera-t-on ?
Vos cris seront jugés comme traits de démence
Et ces bruits sur la place auront peu de créance ;
Notre crédit à nous est un peu mieux fondé
Et pour nous le ravir vous avez trop tardé.
Sur ce, je vous salue.

DUBOURG.

Elle a rompu la glace !

MADAME BALAINVILLE.

Nous sommes ennemis, plus de vaine grimace.

SARA (se jetant vers Madame Balainville.)

Madame.....

DUBOURG.

Que fais-tu ?

MADAME BALAINVILLE (à part.)

Cherchez dans le barreau;
Aisément vous aurez un épouseur nouveau.
La toge vous convient; par un homme d'épée
Vous auriez tôt ou tard, ma chère été trompée.
Dans un rang plus obscur pour vous est le bonheur ;
Au ton de sa fortune il faut se faire un cœur ,
Et.....

DUBOURG.

Trève s'il vous plaît, à cette raillerie ;
Le bon lot est pour nous dans cette loterie.
Si je ne m'étais pas à plaisir aveuglé,
Votre compte avec moi serait déjà réglé,
Et dans cette pensée où vous auriez pu lire,
Votre orgueil n'aurait pas trouvé le mot pour rire.
Remerciez-moi bien du silence gardé.
A de lâches motifs trop long-temps j'ai cédé,
Mais enfin....

MADAME BALAINVILLE (à part.)

Je m'éloigne et j'ai l'âme ravie ;
Sa colère me plaît, puisqu'elle nous délie.
Entr'eux et nous jamais plus d'espoir de retour ;
(haut).
C'est l'adieu de la haine....

SARA (à part.)

Et le deuil de l'amour !
(Madame Balainville sort.)

SCÈNE IV.

DUBOURG, SARA.

DUBOURG.

Que peux-tu regretter ?

SARA.

Dans ma douleur amère
Je regrette l'époux et non la belle-mère.

DUBOURG.

Que savons-nous si Jule à d'autres nœuds conduit
Par un appât trompeur n'a pas été séduit.
C'est le sang de sa mère, il agira de même.

SARA.

Vous l'accusez?

DUBOURG.

Viens t'en.

SARA.

Je proteste qu'il m'aime.
Etes-vous donc injuste? en rejetant ses vœux,
En l'éloignant de moi vous nous frappez tous deux.

DUBOURG.

En vain tu le défends, je ne veux rien entendre.
Quoi! nous étions venus, tous deux, pour leur apprendre
Un complot.... mais contr'eux puisse-t-il s'accomplir;
Puisse le sort vengeur ici même engloutir
Ces biens, dont après tout j'ignore l'origine.
Je les crois mal acquis; c'est une main divine
Qui nous montre le piège et nous en garantit;
A son flambeau sacré relevons notre esprit;
Que l'erreur se dissipe, il est temps! la finance
Pour elle me trouva trop de condescendance;
Un moment entraîné je crus ton avenir
Mieux assis quand sur l'or il allait s'établir;
Mais c'est sur la raison qu'il faut guider sa vie;
Mais c'est sur la vertu qu'il faut qu'on édifie!

SARA.

Jule a-t-il mérité....?

DUBOURG.

Qu'on ne m'en parle plus.
On n'encourt pas deux fois un insolent refus;
Ce barreau qu'on dédaigne est l'appui tutélaire
Du faible, et la justice y trouve un sanctuaire
Où les pas de l'orgueil ne sauraient pénétrer,
Où le vice puissant n'essaya pas d'entrer;
Est-ce lui qu'on méprise? est-ce moi qu'on outrage?

SARA.

Ne nous arrêtons pas en ces lieux davantage.

DUBOURG.

Du serment que je fais ils seront les témoins:
Quand Jule, près de toi, continuant ses soins
Se montrerait encor plus soumis et plus tendre;
Quand, tes pleurs, jour et nuit, je les verrais répandre;
Quand même Balainville, au bon sens revenu,
Aux décrets de sa femme aurait contrevenu,
A mes ressentiments je resterais fidèle.

SARA.

Que ferait votre fille? et que deviendrait-elle?

DUBOURG.

Beau titre que celui de femme d'officier!
Je te ferais plutôt épouser un greffier;
Un clerc représentant la bazoche défunte
Et traînant au palais la robe qu'il emprunte.

6

SCÈNE V.

Les mêmes, L'ONCLE, JULE.

L'ONCLE.

Oh! oh!

JULE.

Qu'ai-je entendu?

DUBOURG.

Vous arrivez trop tard
Madame Balainville a parlé; son regard
Accompagnai sa voix; la guerre est déclarée
Et désormais la noce est fort aventurée;
Je vous sais mauvais gré, Monsieur, d'avoir voulu
Me cacher un dessein.... dès long-temps résolu.

JULE.

Dès long-temps? j'ignorais.....

DUBOURG.

A d'autres! perfidie

L'ONCLE.

La trame ne fut pas de longue main ourdie.

DUBOURG.

Sa mère en aucun temps ne nous aima.

L'ONCLE.

D'accord.

Mais son père?

DUBOURG.

Sans peine il a viré de bord.

JULE.

Ce changement cruel s'est fait à l'improviste.

DUBOURG.

En est-il pour cela moins coupable?

SARA.

Et moins triste?

JULE.

Comme vous.... plus que vous peut-être j'en gémis.

DUBOURG.

Un mur infranchissable entre nous il a mis.

JULE.

Est-ce à moi que l'on montre un front aussi sévère?

DUBOURG.

A vous.

L'ONCLE (aux jeunes gens.)

Laissez passer le feu de sa colère.

SARA (à Jule).

Il venait pour vous rendre un service

JULE.

Comment!

DUBOURG (ramenant à lui Sara.)

Et moi je ne veux pas qu'elle parle.

SARA.

O tourment!
Je ne dirai donc pas quel danger vous menace;
Que deux hommes pervers, veulent, à cette place....

DUBOURG.

Là, dans le vestibule, au bas de l'escalier
Jouer à Balainville un tour de leur métier.

JULE.

D'où l'avez-vous su?

DUBOURG.

D'eux.

SARA.

Dans les Accélérées.

JULE (à l'oncle.)

Etonnante rencontre, ainsi sont avérées
Ces craintes qui n'étaient que fantômes pour vous....

DUBOURG (veut partir.)

C'est assez.... serviteur....

JULE.

De grâce, accordons-nous....
Mon oncle, vous voyez, les choses se compliquent.

Et, si Monsieur le veut, il faut qu'elles s'expliquent.
Vous ne m'ôterez pas à présent de l'esprit
Que tout ce que j'ai vu se lie à ce récit.
Chez Véfour, tout-à-l'heure, en lisant les gazettes,
Je déjeunais tout seul, quand sur ces entrefaites
Deux hommes sont entrés....

SARA.

      Quoi, deux hommes aussi?

JULE.

Ne m'interrompez pas et jugez de ceci.

L'ONCLE.

Bah!

JULE.

Tous deux bien vêtus, mais de mauvaise mine,
Avaient marqué leur place à la table voisine,
Ils s'y sont donc assis et bientôt leurs discours,
Malgré les mots couverts et malgré les détours,
M'ont donné le soupçon que c'était à mon père
Qu'ils en voulaient.

L'ONCLE.

    Erreur.

DUBOURG.

    Il s'obstine.

L'ONCLE.

      Chimère!

DUBOURG.

Comme sa belle-sœur il juge en esprit fort,
Et du moins une fois ils se trouvent d'accord.
La famille est timbrée et réflexion faite,
C'est tout profit pour nous que de battre en retraite...
(à l'oncle)
J'ai vu!....

JULE.

    J'ai vu de même.

L'ONCLE.

      Et moi je n'ai rien vu.
C'est pitié de ne voir que d'un œil prévenu
Et de se gouverner par une peur panique
Qui, dès qu'un mal survient aussitôt se l'applique.
« Mon père a de l'argent, donc on va le voler! »
Qu'on le vole, j'irai plus tard le consoler.

DUBOURG.

Froide plaisanterie !

L'ONCLE.

Eh ! bien, je le suppose,
Deux joueurs...

DUBOURG.

Deux escrocs....

L'ONCLE.

Soit, c'est la même chose.
Ont formé le projet de le dévaliser ;
Au café, sur la route, iront-ils s'aviser
Par des aveux gratuits, éveillant la police,
D'appeler....

DUBOURG.

Pourquoi non? ces fanfarons du vice,
Effroi de la banlieue et typhus des faubourgs,
(Fréquentez le palais) sont communs de nos jours.
Si vous toisez le crime avec la théorie,
Vous serez loin du but ; c'est une maladie
Qui vous mine, vous ronge, et qui vous pousse enfin
Vers le bagne et la Grève, et par le court chemin.
Fiez-vous là-dessus à ma vieille pratique.
Ce n'est pas autrement qu'à bon droit on explique
Tous ces procès fameux, ces causes d'apparat,
Où, sur l'avis reçu d'un galant avocat
Par billets de faveur les femmes sont admises,
Et qui font les beaux jours de notre Cour d'assises.
Si le crime était sage on ne le prendrait pas ;
S'il savait dans un voile envelopper ses pas,
A la société quand il ferait la guerre
On ne pourrait jamais deviner son repaire,
Et l'on serait frappé dans l'ombre sans recours ;
Mais Dieu qui le permit et veut borner son cours,
Lui fait un esprit faux qui le trouble et l'égare
Et livre sa gangrène au glaive qui repare.
N'en doutez plus

JULE (vivement.)

Mon oncle.... en croirai-je mes yeux?

L'ONCLE.

Quelle mouche te pique ?

DUBOURG (regardant du même côté que Jule.)

Eh ! vraiment ce sont eux...

SARA.

Ce sont eux !

L'ONCLE.

Ces gens-là ?....

JULE.

Ce sont ceux-là vous dis-je.
Observons les....

DUBOURG.

Pardon, plus rien ne nous oblige
A rester attachés maintenant à vos pas ;
Renversez leurs projets, ne les renversez pas
Ce n'est plus le souci qui remplit mes pensées,
Votre mère a brisé nos amitiés passées,
Nous allons retourner à notre Bougival.

JULE.

A mon malheur présent, Sara, rien n'est égal,
Si j'écoute l'amour je vous suivrai sans doute,
Et ne vous suivrai pas si le devoir j'écoute,
Entre ces deux partis mes esprits combattus
Veulent en un moment et puis ne veulent plus ;
Mon père est en péril, du moins je le soupçonne
Et me sens criminel dès que je l'abandonne....

SARA.

Restez, sur nous le sort étend son bras de fer.
Ces combats, à mon cœur, vous ont rendu plus cher.
Mon amour pour mon père est aussi votre excuse,
Et la rigueur du vôtre est tout ce que j'accuse.
Demeurez, attendons, quoiqu'on fasse, jamais
Je ne vous oublierai.

JULE.

Sara !

SARA.

Je le promets !

L'ONCLE (à Dubourg).

Des serments du neveu c'est la contre-partie.

DUBOURG.

Je m'attendris encore.... il faut que je m'enfuie.

(Il emmène sa fille).

SCÈNE VII.

L'ONCLE , JULE.

L'ONCLE.

Ces prétendus fripons que tu m'as signalés
Pour te faire mentir, je crois, s'en sont allés.

JULE.

Non, les voici. Voyons jusqu'où va leur audace.
Eloignons-nous.... à droite.... et cédons-leur la place.
(Ils se retirent derrière les piliers à droite.)

SCÈNE VII.

VAULÉON , MAUCLERC.

VAULÉON (enveloppé d'un manteau).

Retiens bien ta leçon : dans ta main prends d'abord
Cette lettre de change... et quand notre homme sort
Tu lui fais signe.

MAUCLERC.

Et puis dans un coin je l'attire.

VAULÉON.

Tu lui fais accepter....

MAUCLERC.

S'il ne veut pas écrire?....

VAULÉON.

Sois sûr qu'il écrira. Notre compte est patent,
C'est une ancienne dette, il doit être content
De s'acquitter ainsi pour une bagatelle.
Long-temps il employa mon secours et mon zèle;
Il me doit sa fortune et veut la retenir
Toute entière, mais moi je le fais convenir,
Quand je peux le trouver, du droit qu'il me conteste.

MAUCLERC.

A t'en croire, ce droit n'est-il pas manifeste!

VAULÉON.

Autrefois on prenait le soin de m'épargner;
Maintenant porte close, on me fait consigner.

L'honnête parvenu me traite en misérable
Qu'il nourrit quelquefois des débris de sa table,
Et qui doit se trouver heureux et satisfait
D'assister mais de loin aux plaisirs du banquet.
Ah ! je suis excédé de toutes ces remises,
J'ai formé contre lui de sourdes entreprises ;
Par nos vieux compagnons je le fais harceler.
Bientôt il ne faut plus qu'il sache à qui parler.

MAUCLERC.

Dore-lui la pillule.

VAULÉON.

        Eh ! ce n'est pas la peine !
Je puis à peu de frais le tenir en haleine :
Traître, il croit que toujours, partout on le trahit,
Il prend le contrepied de tout ce qu'on lui dit ;
Je base là-dessus mes fausses confidences ;
Chez lui, dans sa maison, j'ai des intelligences ;
Cupide, opiniâtre, en des pièges grossiers
Une fois qu'il se lance il tombe volontiers ;
Aujourd'hui que l'alarme est dans toute la banque
Que la route s'affaisse et que le crédit manque,
Il est dans mes réseaux, si bien enveloppé,
Qu'il croit nous tromper tous quand lui seul est trompé.
Il achète, il achète.... à moins donc d'un miracle,
Des biens qu'il usurpa nous verrons la débacle.
Je le pousse en ce gouffre et je le vois franchir
Les garde-fous avec un intérieur plaisir ;
Je voudrais qu'il tombât jusqu'au fond de l'abîme,
Dussé-je m'y rouler ainsi que ma victime.
Ce sont des tours de page et d'innocents ébats,
Sa perte me console, et ne m'enrichit pas :
Donc, pour qu'à mes dépens la guerre ne se fasse,
J'ai tiré ce mandat.

MAUCLERC.

        Dont l'acquit m'embarrasse.
S'il le payait enfin pourquoi le ruiner ?

VAULÉON.

C'est un enchantement que je veux me donner,
Et par esprit de corps et par droit de naissance,
De voir démanteler la nouvelle opulence.

MAUCLERC.

Tout ce petit jeu là ne me dit rien de bon.

VAULÉON.

Intrigant subalterne, ami courtier-marron,
Depuis quand scrupuleux? point de vaines paroles;
Avec dextérité tu remplis tous les rôles,
Sache dans celui-ci te conduire avec art,
Et des vingt mille francs je t'ai promis le quart;
Inventeur du projet, le reste est ma conquête.

MAUCLERC.

Pourquoi ne vas-tu pas le premier à la fête?

VAULÉON.

L'oiseau s'envolerait si d'abord je venais
Lui montrer ma figure, et moi qui le connais
Je te lance en avant pour lier la partie:
Obéis à ton chef.

MAUCLERC.

                A mon mauvais génie!
Cité pour mon adresse à de certains transferts
Qu'un tribunal inepte avait pris de travers,
Des hauts murs de Paris je franchis la barrière;
Je marchais, sans oser regarder en arrière;
Rongé par mes ennuis, accablé par le sort,
Insensible à la vie, insensible à la mort;
Sans parents, sans espoir, sans croyance, sans guide,
Tout machinalement pensant au suicide,
Et pourtant retenu sur le bord du tombeau
Par un je ne sais quoi qui flotte en mon cerveau;
J'arrive au Pec, je vois des enfants qui se baignent,
Ecoliers qui dans l'eau se poursuivent, s'atteignent;
Rien qu'à les regarder je me sens rafraîchi,
Je me dis : « je veux vivre » et m'animant ainsi
Je monte, et me fixant à Saint-Germain-en-Laye
J'allais de mon échec cicatriser la plaie
Quand je t'ai reconnu sous ce déguisement;
Tu m'entraînes, je suis ton servile instrument.
Et me voilà rentré dans cette enceinte auguste,
Où je devrais trembler, si le ciel était juste,
Qu'un jour...

VAULÉON.

                Attention!.. de commis entouré,
Balainville paraît, vers ces lieux attiré.
Mettons-nous à l'écart... à gauche... l'œil alerte
Et songe que du temps souvent chère est la perte.

                (Ils se retirent sous les piliers, à gauche.)

SCÈNE VIII.

BALAINVILLE, PLUSIEURS COMMIS.

BALAINVILLE (s'essuyant le visage avec son mouchoir).

Ouf! je suis tout en nage, et chaude est la journée,
Sur les points capitaux j'ai fini ma tournée.
J'avais à tenir tête à trente commettants,
Qui tous s'en vont, par moi, rançonnés et contents.
La bourse est une mer où l'on court mille chances ;
Les produits sont majeurs ; les risques sont immenses.

(Il parcourt ses notes et donne ses ordres à ses commis
et d'abord au premier).

Voyons... Faites partir un courrier pour Bordeaux ;
Retenez tous les vins qui sont dans les caveaux ;
Embarquez sur le champ, voguez vers la Tamise,
Qu'à Londres, en entrepôt, la cargaison soit mise ;
Messieurs de l'Angleterre ont soif, abreuvons-les,
Et puis que sous la table, ils se roulent après.

(Au second commis).

Envoyez à Saumur et qu'on fasse main basse
Sur les blés du pays, sans bruit qu'on les amasse.
Quand le peuple aura faim, au milieu de l'hiver,
Et surtout s'il a peur, nous les lui vendrons cher.

(à un autre).

Prenez cent actions dans les mines de houille ;
La France, tous les ans de ses bois se dépouille
Et le charbon de terre à la mode viendra ;
On chauffe par le cok l'Hôtel-Dieu, l'Opéra,
Et quand il sera pris par tous les ministères
Nous y ferons, je pense, assez bien nos affaires.
Quant au gaz animal, végétal, épuré,
J'en ai la gorge pleine et le nez saturé,
Mais il rapporte gros et son odeur est bonne ;
Pour mon hôtel nouveau je veux que l'on m'abonne.
Des premiers, j'ai souscrit pour les chemins de fer ;
Je veux par les wagons voler comme l'éclair.
Et, puisqu'à mes désirs plus rien ne met de borne,
En un jour, du Cancer passer au Capricorne.
Que l'industrie est belle ! et qu'elle a pris d'élan !
La France est retournée à chaque nouvel an !
Il faudrait que l'on mit tout en l'air, en fabriques,
Que rien ne marchât plus que par les mécaniques?

Et que l'esprit humain, par un dernier effort,
Changeant tout le système, au moyen d'un ressort,
De notre sol, tendit à faire disparaître
Ces masses d'ouvriers dont jamais on n'est maître!
Qu'on me porte à la Chambre et, plein de mon sujet,
Je fais mettre en ce sens un article au budjet;
Car la loi de finance est la boîte commune
Où chacun va jeter en moule sa fortune,
Elle se plie aux goûts de tous les députés,
Et tous y doivent être, à leur tour, bien traités.
(A un autre).
Mais... ne manquez pas l'heure où vous devez vous rendre
A l'hôtel Bullion ; je sais qu'on doit y vendre
Des dessins, des tableaux... Je ne m'y connais pas,
Mais j'apprends qu'aujourd'hui le Brésil en fait cas ;
Faites-vous adjuger toute la pacotille ;
Sur le cadre, au tampon, appliquez l'estampille ;
Faites-vous seconder par quelque barbouilleur ;
Force vernis, le pire en deviendra meilleur ;
Hâtez-vous, à Dunkerque un navire est en charge,
Avant qu'il lève l'ancre et qu'il prenne le large,
Mettez-y nos Poussin, nos David, nos Gérard,
Et confiez aux mers ces chefs-d'œuvre de l'art.
J'aime le nouveau monde, il est inépuisable ;
Pour le plomb qu'on lui porte, il rend de l'or potable.
Mais allez, allez tous, commis jeunes et vieux;
(Bas).
Je les paie assez mal, ils n'en servent que mieux.
Sitôt qu'un employé voit arrondir sa bourse,
L'ambition chez lui, sans délai, prend sa course ;
Valet, singe du maître et faisant le gros dos,
Il veut vous enlever vos clients les plus chauds....
Je les tiens tous, bien bas, courbés sous ma baguette,
Sauf à leur assurer Bicêtre pour retraite !
(Haut).
Allez, vous qu'à mon joug le destin asservit,
Sur le fleuve d'argent ramer à mon profit.
                              (Les commis sortent.)

SCÈNE IX.

BALAINVILLE, VAULÉON, MAUCLERC.

VAULÉON (poussant Mauclerc en avant.)

C'est à toi !....   (Il se retire).

MAUCLERC (à part.)

Entamons.....

BALAINVILLE (à part).

Eh ! mais , cette figure
Ne m'est pas étrangère.... et par quelle aventure.....
A la Bourse, Mauclerc?

MAUCLERC (avec mystère).

Je n'y suis qu'en passant;
Il faut, pour m'y conduire, un intérêt pressant.
Sans plus de compliments, expédions l'affaire
Et lisez ce papier, qu'en la forme ordinaire
Quelqu'un de bien famé m'a passé ce matin.

BALAINVILLE.

Montrez.

MAUCLERC.

L'endossement est écrit de sa main.

BALAINVILLE.

Vauléon , sur moi tire une lettre de change?

MAUCLERC.

De vos réceptions c'est ainsi qu'il se venge.

BALAINVILLE.

Vingt mille francs !

MAUCLERC.

Tout près.... et sur l'un de ces bancs
Je vois une écritoire.....

BALAINVILLE.

O ciel ! vingt mille francs !

MAUCLERC.

Votre acceptation, Monsieur, est nécessaire.

BALAINVILLE.

Je le crois ! et voilà comment je la veux faire.
      (Il prend et déchire la lettre de change.)

MAUCLERC.

Vous déchirez le titre? il est ici des gens
Qui le feront valoir.....

VAULÉON (revenant.)

Oui!....

BALAINVILLE.

C'est un guet-à-pens....

VAULÉON.

Des billets ou du bruit.... de l'or ou du scandale.

SCÈNE X.

Les mêmes, JULE, L'ONCLE, les habitués de la Bourse.

JULE (s'avançant précipitamment.)

Monsieur, je suis son fils !

L'ONCLE.

Venez hors de la salle....
(On voit les habitués de la Bourse qui s'arrêtent et se groupent dans l'éloignement.)

VAULÉON.

Non, c'est ici dedans que notre débiteur
Peut, à ses créanciers, fournir une valeur...

JULE.

Tout mon cœur se soulève et tout mon sang bouillonne.

VAULÉON.

L'épaulette, en ces lieux n'épouvante personne.
Nous nous rencontrons là tous deux sur un terrain
Où l'on ne verse pas, Monsieur, le sang humain ;
De florins, de ducats, l'âme est préoccupée
Et l'on n'y connaît pas la pointe de l'épée.
Je pars s'il paye.... (à part) il est à ma dévotion,
La foule qui l'effraye est une caution.

BALAINVILLE (à Vauléon, bas.)

Deux billets..... (Il lui présente en effet deux billets de banque).

VAULÉON (bas à Balainville.)

Pas assez....

JULE (à son oncle, bas.)

Que veut dire....

L'ONCLE (bas à Jule.)

Il se trouble.

VAULÉON (bas à Balainville.)

Quitte, pour cette fois, si l'on donne le double.

BALAINVILLE (bas à Vauléon, en lui mettant dans
la main quatre billets de mille francs.

Prenez donc!...

VAULÉON (à part.)

Je les tiens!

BALAINVILLE (à part.)

Je souffre!

VAULÉON.

Nous partons,
Mais ce n'est qu'un à-compte et nous nous reverrons.
(Il sort entraînant Mauclerc.)

SCÈNE XI.

BALAINVILLE, JULE, L'ONCLE.

JULE (voulant suivre Vauléon.)

Je saurai les atteindre....

BALAINVILLE.

Arrête.... je t'ordonne
D'abandonner cet or que je leur abandonne.
C'est un compte où le droit serait de mon côté,
Mais que me servirait un procès intenté
Pour une bagatelle, avec un misérable?
Une esclandre est pour moi toujours désagréable;
Trop heureux à ce prix de m'en débarrasser;
C'est une affaire faite, il n'y faut plus penser;
C'est une ligne encor dans les profits et pertes.

JULE.

Comment?

BALAINVILLE (affectant un air d'indifférence.)

Ces sommes-là, par d'autres sont couvertes;
Il faut d'un esprit libre essuyer ces revers
Et ne s'en mettre pas la cervelle à l'envers.

L'ONCLE (bas à Jule.)

La cause qui le porte à la philosophie
Ne doit pas être, ami, par nous approfondie.

BALAINVILLE (aperçoit sa femme.)

Arrivez donc, Madame....

SCÈNE XII.

Les mêmes, Mme BALAINVILLE.

MADAME BALAINVILLE (à l'oncle.)

On vous rencontre ici?

BALAINVILLE.

Eux-mêmes de s'y voir ils s'étonnent aussi.

MADAME BALAINVILLE.

N'étions-nous pas brouillés?

BALAINVILLE.

Mais.... rancune tenante...
Je leur donne à dîner, en un lieu que l'on vante.
Aujourd'hui, sur ma foi, j'ai joué de bonheur,
Et je payerai pour tous, la carte de grand cœur.

JULE.

Mais cet homme....

MADAME BALAINVILLE.

Qui donc?

BALAINVILLE (à sa femme, la détournant d'écouter son fils

Rien....

JULE.

Bien?....

L'ONCLE (bas à Jule.)

L'insouciance

Qu'il affecte!...

BALAINVILLE (à sa femme.)

Parlez.... aurons-nous l'audience?

MADAME BALAINVILLE (montrant un papier.)

Le ministre, à midi, vous recevra demain.

BALAINVILLE.

C'est l'Excellence même.... elle écrit de sa main?

MADAME BALAINVILLE (bas à son mari.)

Dubourg... j'en suis certaine.... a vu le Secrétaire.

BALAINVILLE (bas.)

Pour avoir ce jeune homme à dîner, comment faire?
Il a du cabinet la clef, et c'est par lui
Que tout passe....

MADAME BALAINVILLE (bas.)
Tout passe!...

BALAINVILLE (bas.)
                              Il faudrait aujourd'hui
L'accaparer...

MADAME BALAINVILLE.
          J'en sais comme vous l'importance;
Mais comment captiver cette jeune influence?
C'est un original et qui n'accepte pas!

BALAINVILLE.
Oh! que je n'aime point ces hommes délicats,
Qui vous jettent au nez séchement leurs services
Et dont il faut toujours supporter les caprices.
Je préfère un esprit, pour l'emploi fait exprès,
Dont on use, qu'on paye et puis qu'on laisse après.

MADAME BALAINVILLE.
D'Héricourt, par exemple.

BALAINVILLE.
                    Oh! celui-là protège
Avec l'air patelin du plus adroit manège
Et ne refuse pas...

MADAME BALAINVILLE.
                    Il sera du dîner,
Il est à la rotonde.....

BALAINVILLE.
                    Il faudra l'emmener
Ce soir, à Bougival....
(Se rapprochant de l'oncle et de Jule. — Haut.)
                    Maintenant, plus d'affaires:
Nous nous expliquerons beaucoup mieux sur nos terres.

MADAME BALAINVILLE.
J'ai le landau.... chez qui?....

BALAINVILLE.
                              Mais vraiment, chez Laiter!

L'ONCLE (à Balainville, bas.)
Et le verre d'absinthe?

BALAINVILLE (à l'oncle, bas.)
                    Il est pris!

L'ONCLE.
                              Un peu cher!
                              (Ils sortent.)

FIN DU SECOND ACTE.

SECONDE JOURNÉE.

ACTE TROISIÈME.

Le Théâtre représente la grande terrasse de la maison de campagne de Balainville , à Bougival.

On aperçoit dans le fond le bâtiment principal.

Sur le devant de la scène , à droite est une vieille tour et le commencement du bois ; à gauche , un mur , une petite porte et un pavillon rustique.

SCÈNE Ire.

JULE seul. (Il sort du bois et rôde un moment
autour du grand bâtiment.

Mon père est au billard et je l'en félicite ,
C'est le jeu nécessaire et que souvent on quitte
A peine pour dîner , mais je ne m'en plains pas ,
Grâce à lui, je suis libre et je vais de ce pas
En profiter... (Il écoute.) Fort bien.. c'est le choc de la bille...
De l'austère Dubourg j'attends l'aimable fille ;
C'est dans ce pavillon... le mur est mitoyen ;
Pour nous voir, nous avons un excellent moyen ;
Dans ce mur, l'amitié fit percer une porte
Que l'on nous fermera si la haine l'emporte,
Mais j'y mettrai bon ordre ! Eh quoi , je souffrirais
Que de vieux compagnons , pour de vils intérêts ,
Deux voisins qui long-temps vécurent l'un chez l'autre,
Se brouillassent ? Non pas, et je serai l'apôtre
Qui réconciliera ces cœurs dont le dépit
Fait partir un venin qui sur moi rejaillit.
Je les mettrai d'accord ; j'éteindrai la querelle ;
Sara doit seconder mes efforts ; que fait-elle ?
Pourquoi suis-je le seul qui vienne au rendez-vous ?
Ses vœux sont-ils déjà moins pressants et moins doux ?
Qui la retient ? le temps s'écoule et nous échappe....
J'entends du bruit... mais non.... je crois toujours qu'on
(frappe !...

(Il va à la petite porte à gauche et revient.)

8

On voudrait me forcer à demander la main
D'une belle, au mérite inscrit sur parchemin ;
On voudrait que ma femme, ou comtesse ou marquise,
En long manteau de cour bientôt put être assise
Au château, car je vois que l'on vise toujours
A ressaisir la forme, à reprendre le cours
Et les sots errements de cet ancien régime
Qu'on nomme tour à tour bâtard ou légitime ;
Qu'on foule aux pieds ou bien qu'on remet en vigueur
Avec son étiquette et sa folle rigueur.
Mais, Sara, dans mon sang ta noblesse est trempée
Et tes titres seront écrits par mon épée.
Mon grade, je l'obtins en défendant nos lois,
C'est sur l'égalité que se fondent mes droits,
J'ai puisé dans mon cœur plus que dans mon collége
L'amour de la vertu, l'horreur du privilége.
Du peuple, je maintiens la souveraineté,
Et si je suis soldat, c'est de la liberté.
Que l'étranger paraisse et menace la France,
On verra si je suis pour son indépendance;
Que vienne l'ennemi le départ sera prompt.
N'avons-nous pas encor à venger cet affront
Qu'a fait à nos couleurs une *alliance sainte*
Dont la brutalité sur le sol est empreinte ?
Oh! nous la reverrons! et si le tambour bat
Je ne volerai pas le dernier au combat.
Je suis Français toujours et si je me marie
Ce n'est pas pour cesser de servir la patrie !
De ces fiers sentiments nés en quatre-vingt-neuf,
Epousés dans les camps, mon esprit n'est pas veuf;
D'autres ont aisément étouffé dans leur âme,
Le feu sacré, mais moi, j'en conserve la flamme ;
C'est par le champ d'honneur que je veux parvenir!
Mon père, à mes raisons, ne se laisse fléchir;
Faux éclat, faux honneurs, c'est là ce qui le touche ;
J'en acquiers de plus vrais et lui ferme la bouche.
Il dira que je prends, ambitieux obscur,
Le chemin le plus long, mais il est le plus sûr ;
C'est celui que suivaient les Fabert, les Duquesne;
Plus rapprochés de nous, Lasnes, Davoust, Eugène,
Et que prirent enfin tous ces vieux maréchaux,
La force de l'armée et l'orgueil des drapeaux !
On vient..... c'est elle....

SCÈNE II.

JULE, SARA.

SARA (arrive par la petite porte.)

Jule !...

JULE.

Eh ! qu'avez-vous ?

SARA.

Je tremble !

JULE.

Pourquoi ? rassurez-vous.

SARA.

Je ne sais, il me semble
Que je ne fais pas bien. Mon père me défend
De vous parler, hélas ! je vous parle pourtant.

JULE.

Est-ce à regret ?

SARA.

O ciel !

JULE.

Eh ! bien donc point d'alarmes,
Ces contrariétés ont bien aussi leurs charmes.
Si les amours allaient comme sur des rouleaux,
On ne trouverait pas les jours d'hymen si beaux.

SARA.

Exemplaire sagesse et docilités rares !

JULE.

Je n'en disconviens pas, nos parents sont bizarres :
Hier il faut s'aimer, aujourd'hui se haïr.

SARA.

C'est à l'ordre d'hier qu'il nous faut obéir.

JULE.

Puisqu'il en est ainsi causons de nos affaires,
Tous deux cinglons au port malgré les vents contraires,
Qu'avez-vous obtenu ?

SARA.

Rien, et vous-même ?

JULE.
                              Rien.
SARA.

La coalition ne commence pas bien,
Dans son air concentré mon père se renferme
Et sur la défensive il veut se tenir ferme;
Le vôtre?

JULE.

Il se complait dans ses projets nouveaux
Et ma mère surtout se moque de mes maux.

SARA.

Pour arriver au but, que nous aurons de peine!
Tout s'unit contre nous; je suis presque certaine
D'avoir aperçu....

JULE.

Qui ?

SARA.

L'un de ces malheureux
Qui, tantôt à Paris... et celui qui des deux
Etait le plus farouche et le plus redoutable.

JULE.

A Bougival? ici?comment, ce misérable....

SARA.

Lui-même!.... et croyez-moi.....

JULE.

Reptiles malfaisants !
Vauléon est dehors, d'Héricourt est dedans.
L'un, serpent odieux, tourne autour de mon père ;
L'autre, adulateur vil, s'empare de ma mère.

SARA.

Quel couple!

JULE.

Je saurai tous deux les contenir
Je veux, si vous m'aidez, tous les deux les punir,
Et vous pouvez compter sur ma persévérance.

SARA.

Chacun à sa façon fait preuve de constance.

JULE.

Soit : le poste par moi doit se voir emporté
Par la force, l'audace et l'intrépidité.
· Il faut que mes parents cèdent à ma demande,
Je suis leur fils unique et la raison commande
Que je sois entendu dans une occasion
Où mon bonheur dépend de leur décision.
Je suis de pied en cap armé pour les combattre
Et je me sens d'humeur à crier comme quatre.

SARA.

Je suis moins confiante et moins libre que vous ;
Il me faut recourir à des moyens plus doux.
Si ma mère vivait !... hélas ! je l'ai perdue
Dès mes plus jeunes ans, à peine l'ai-je vue,
Et ses traits, dans mon cœur, demeurent incertains ;
Mon père au moins me reste et de ses propres mains
Il soigna mon enfance ; avec quelle tendresse
A travers les écueils il conduit ma jeunesse !
Par un mot, par un geste il se laisse effrayer.
De son attachement serait-ce le payer
Que de vouloir toujours le contredire en face ?
De ne faire jamais ce qu'il veut que je fasse ?
Je transige avec lui, je transige avec moi ;
Je ne conteste pas, mais j'élude la loi,
A ses désirs d'abord il me trouve soumise,
Ensuite, à réclamer, je tâche d'être admise ;
Par de petits sentiers que je sème de fleurs
Je l'amène où je veux ; s'il gronde, par mes pleurs
J'excite sa bonté, je calme sa colère.....

JULE.

De votre empire enfin je connais le mystère ;
Je veux m'en défier à dater d'aujourd'hui.
Car ne serez-vous pas pour moi comme pour lui ?
Ma mère en fait autant, c'est partout même notte,
On sourit à propos, à propos on sanglotte
Et la lime s'attache aux griffes du lion....

SARA.

Cher Jule, toute règle a son exception :
Entre mon père et vous quelle est la différence !
Céder à vos désirs n'est pas obéissance ;
Je devance vos vœux par des instincts secrets ;
Ce qu'on appelle un joug a pour moi mille attraits ;

Avec vous je suis prête à tous les sacrifices ;
En rêve, je me plie à vos moindres caprices;
Je voudrais quelquefois que vous fussiez méchant
Pour vous aimer encor et plus !

JULE.

Aveu touchant !
Du plus naïf amour l'expression est neuve ,
Mais je ne compte pas vous mettre à cette épreuve.
Chère Sara , chez nous, nul ne commandera,
Nul ne dira : je veux! et nul n'obéira.
Tout se fera d'accord et je me fais l'image
Du solide bonheur de ce rare ménage.
On croit qu'un officier est un mauvais mari
Et que toujours absent, il est jaloux aussi;
Qu'il montre de l'aigreur quand il entre en campagne
Et de l'aigreur encor quand, près de sa compagne
Il revient au logis, harrassé de combats,
Demandant un repos qu'on ne lui donne pas.
Du repos ? j'en aurai ! près de vous que j'estime ,
De l'ombre du soupçon je me ferais un crime,
Et vous me tromperiez.....

SARA.

Ah ! Jule.....

JULE.

En vérité
Je douterais encor de la réalité.

SARA.

Pourquoi de tels discours ?

JULE.

Ce n'est qu'une hypothèse.

SARA.

Voulez-vous m'affliger ?·

JULE.

Non , mais j'étais bien aise
De vous faire comprendre, avec un certain tour,
Jusqu'où, quand je m'y mets, peut aller mon amour.

SCÈNE III.

Les mêmes, ROBERT.

ROBERT (à Jule)

Preste..... séparez-vous.... depuis long-temps j'épie
A votre insu.... là-bas, on finit la partie
Et Monsieur d'Héricourt déjà prend son chapeau,
Votre père le suit....

JULE.

Ce d'Héricourt......

ROBERT.

Tout beau,
C'est, si nous le voulons juger sur l'apparence,
Un favori de cour, un homme d'importance,
Et Monsieur votre père en est ma foi coiffé.

JULE.

Favori! je le tiens pour intrigant fieffé.

ROBERT.

C'est l'Intendant, Monsieur....

JULE.

Lui?

ROBERT.

Sans doute... il l'assure
Comment imaginer?....

JULE.

Et moi, puisqu'il le jure
Je gagerais qu'il n'a, dans la maison du roi,...
On peut vérifier.... ni de rang, ni d'emploi.....

ROBERT.

C'est fort!....

JULE.

Le courtisan, si chétif et si mince
Qu'il soit, hors du château se dit l'ami du prince;
Le prince est innocent des torts du fanfaron
Et ne sait pas l'abus que l'on fait de son nom.

ROBERT.

Diable!... j'ouvre les yeux.... et si je ne me trompe...
Pour le coup... cette intrigue....

JULE.

         Il faut que je la rompe.

ROBERT.

Eh ! vite rompez-la..... car un mot échappé....

JULE.

Un mot ?...

ROBERT.

       Qui, dans l'instant, ne m'avait pas frappé,
Tout-à-coup me fait croire à certaine espérance
Contraire à vos désirs et je veux..... mais silence,
Là.... (Les tirant à l'écart et vers le pavillon.)

SARA.

    Tu veux ?....

ROBERT.

     Ecouter.

SARA.

        Si ce sont des secrets
Qui n'ont point de rapport....

ROBERT.

        Vraiment, soyez discrets ;
Et, pieds et poings liés, livrez-vous, c'est fort sage.

SARA.

Sans se livrer on peut faire en sorte

ROBERT.

       J'enrage !
Laissez-les contre vous librement disserter
Et surtout gardez-vous de les déconcerter.

JULE.

Pour les déconcerter, je sais ce qu'il faut faire
Et je veux sans détour aller droit à mon père.

ROBERT.

C'est là pour tout gâter et pour ne rien savoir.

JULE.

Me prends-tu pour jouer des scènes à tiroir ?
Me cacher ?

ROBERT,

     Pourquoi pas ? vous voilà bien malade;
Ce sont les plus vaillants qu'on met en embuscade ;

Au temps où nous vivons, la ruse est de bon goût ;
Nagez entre deux eaux et vous irez à tout.

JULE.

Mais...

ROBERT.

Suivez les conseils d'un serviteur fidèle.
(A Sara)
Sortez.

SARA.

Moi ?

ROBERT.

Vous.

SARA.

Bientôt.. Il faut qu'on me rappelle..

ROBERT.

Sortez.....

SARA.

Je reviendrai quand vous aurez appris....

ROBERT.

Sortez... encor un peu nous allons être pris;
Sortez donc... (à Jule) vous, restez.

SARA.

O mortelle contrainte?
Puisqu'il le faut, je sors....

JULE.

Sara...

ROBERT.

Trève à la plainte,
Allons... c'est par ici...

SARA.

Je ne serai pas loin;
Vous me trouveriez là s'il en était besoin.

ROBERT (à Jule.)

Et nous, par ce côté....

(Sara sort par la petite porte à droite. — Jule et
Robert se cachent dans le pavillon, mais de manière à ne rien perdre de ce qui va se dire et se
faire devant eux).

9

SCÈNE IV.

BALAINVILLE , D'HÉRICOURT , LE SACRISTAIN,
JULE , ROBERT. (Ces deux derniers sont cachés.)

BALAINVILLE.

Vous permettez, je pense,
Que je règle d'un mot... c'est user de licence...

D'HÉRICOURT.

Comment?...

BALAINVILLE (au sacristain).

Ça, dépêchons.

LE SACRISTAIN.

C'est monsieur le Curé
Qui m'a dit de venir.

BALAINVILLE (à d'Héricourt).

Je suis maire et fourré
Dans tous les intérêts du village ; à l'église
On ne peut mettre un clou que je ne l'autorise ,
Au-dessus de l'autel j'ai fait pendre un tableau
Qui chez moi se perdait au grenier ; le bedeau ,
Jadis mon jardinier , sans nulle intelligence ,
A la procession fait bonne contenance ;
Mon ancien garde-chasse est sonneur devenu,
Boit ferme , et dans le chœur chante comme un perdu.
Je place, tour à tour, mes gens pour m'en défaire,
Quand ils vieillissent.

D'HÉRICOURT.

Bien.... très-bien...

BALAINVILLE.

C'est ')·l ι ι
Il n'est rang si modeste et si mince pouvoir
Dont on ne puisse encore , en faisant son devoir....

D'HÉRICOURT.

Je vois ?...

BALAINVILLE.

Mais avec vous un peu trop je m'écarte.
(Au sacristain)
A toi donc et dis-nous quelle est cette pancarte?

LE SACRISTAIN (déroulant une grande feuille de papier.)

C'est notre saint recteur qui, par occasion,
Ouvre dans sa paroisse une souscription,
Volontaire...

LE SACRISTAIN.

BALAINVILLE.

Pour lui?

LE SACRISTAIN.

Pour le clocher qui penche
Et qu'il veut redresser ; à Monsieur, dès dimanche
Il en avait parlé.

BALAINVILLE.

Non.

LE SACRISTAIN.

Si.

BALAINVILLE.

Non.

LE SACRISTAIN.

Mais pourtant.

BALAINVILLE.

Mais pourtant il se raille et c'est beaucoup d'argent
Que je donne à l'église où ce n'est plus la mode
D'aller et de donner, à présent que le code,
Discret et tolérant, permet de prier Dieu
Comme chacun l'entend, c'est-à-dire fort peu

LE SACRISTAIN.

Sur ce pied, je m'en vais... puisque monsieur refuse.

BALAINVILLE.

Je ne refuse pas ; voyez-vous cette ruse?
Mettre en jeu l'amour propre et vous faire signer...

LE SACRISTAIN.

Ne signez pas...

BALAINVILLE.

Le traitre !... il faut se résigner....

(Il écrit au crayon sur la feuille)

Inscrit pour cent écus.

D'HÉRICOURT.

C'est une belle somme.

LE SACRISTAIN.

Merci.

BALAINVILLE (à d'Héricourt.)

Je capitule avec la cour de Rome
Et sans être bien fort sur mon acte de foi
Je ne veux pas avoir le clergé contre moi.

D'HÉRICOURT.

Au lieu de vous blâmer sur ce point je vous loue.

BALAINVILLE.

A sa griffe bien fou qui se livre et se joue.
Si je meurs, je veux être, avec pompe enterré;
Je ne dispute point contre le tonsuré,
De mes dons répétés je bourre la fabrique,
Et je gagne le ciel : qui paye est catholique !

D'HÉRICOURT.

Il est vrai...

BALAINVILLE.

J'ai fait mieux... sachant que l'on allait
Recevoir d'Italie une châsse... le trait
Est tout à fait piquant... c'est moi qui de ma bourse ,
De la sainte relique ai défrayé la course.

D'HÉRICOURT (montrant le sacristain qui s'en était
allé et qui se rapproche.)

Chut !...

BALAINVILLE.

Qu'attends-tu là?...

LE SACRISTAIN.

C'est... que je voudrais savoir
Si vous permettriez qu'on mît le reposoir
Sous vos tilleuls...

BALAINVILLE.

Chez moi !

LE SACRISTAIN.

Que l'on coupât les roses,
Œillets , lilas , enfin toutes les fleurs écloses
Pour semer sous les pas de notre cher pasteur

Le jour que, sous le dais, portant notre Seigneur,
Il passera...

BALAINVILLE.

Gratis? cueillir ce que je plante?
Mais cette tyrannie à la fin m'épouvante.
Ils grapillent sur tout et ces hommes de bien
Font un commerce actif qui vaut mieux que le mien.

D'HÉRICOURT (à part.)

Mieux que le mien aussi !

LE SACRISTAIN.

Qu'ordonnez-vous ?

BALAINVILLE.

J'ordonne...

(à part.)
Après tout... quelques fleurs... avec moi je raisonne...
Si, par elles, j'obtiens l'appui de l'évêché...
Je donne et je reçois, c'est encore un marché...
(haut.)
Coupe donc, coupe, tranche et moissonne au parterre.

LE SACRISTAIN.

Dieu soit béni ! c'est lui qui féconde la terre,
Ce qu'il donne il a droit de le reprendre...

BALAINVILLE.

Va ;
Mais choisis ce qui tombe et se fane déjà.
Un homme d'ordre, en tout, met de l'économie
Et pour le superflu j'ai de l'antipathie...

LE SACRISTAIN (montrant son sécateur.)

Moi des ciseaux...

BALAINVILLE.

Va t'en... (Il le pousse dehors.)

ROBERT (se montre dans le pavillon avec Jule
et puis il se retire.)

(Bas) Les voilà tous les deux,
Et nous allons savoir ce qui se passe entre eux.

SCENE V.

DHÉRICOURT, BALAINVILLE, JULE, ROBERT.

(Ces deux derniers continuent d'être cachés.)

BALAINVILLE.

Je suis à vous...

D'HÉRICOURT.

D'honneur, en ces lieux, tout m'enchante;
Un nombreux domestique, une meute excellente,
Trente chevaux de prix!

BALAINVILLE.

Et vous n'omettrez pas
Le produit régulier que me vaut ce haras.
J'ai fait pour le monter d'énormes sacrifices,
Ma femme gronde un peu, mais ce sont mes délices.
Je suis là dans mon centre.... arabes... tout *pur-sang* !
Avant ceux de l'état mon dépôt a pris rang.
Tous les ans il en sort de magnifiques bêtes,
De qui l'agilité s'exerce dans les fêtes
Du Champ-de-Mars; je gagne assez souvent le prix
Que donne de sa main le préfet de Paris.
Mon entraîneur, mon groom a brillé dans les courses ;
Son adresse est, tout franc, une de mes ressources ;
Je le prête à chacun; c'est avec ses profits
Qu'il va, que je l'habille et que je le nourris.
Jadis, par pur honneur on possédait des terres ;
Les régisseurs étaient les vrais propriétaires;
Sauf à rendre par fois quelqu'argent au seigneur,
Mais, chez moi, c'est moi seul qui mets tout en valeur.

D'HÉRICOURT.

Chez vous aussi j'admire et l'art et la nature;
C'est un château royal fait en miniature
Et qui devait avoir tourelles et créneaux.

BALAINVILLE.

Je les ai mis par terre et les matériaux
Sont passés en moulins, en fourneaux, en usines;
Tous les jours à la halle on vante mes farines ;
Mes silos sont connus, tout Paris vient les voir;
J'ai fait sur mon ruisseau construire un laminoir ;
Le cabinet de bains était en très-beaux marbres,
Une longue avenue avait quatre rangs d'arbres,

Dès la première année ils furent abattus ;
Une semaine après, à l'enchère vendus ;
Vendu le plomb, le fer et vendu la charpente ;
Vendu les ornements de la chapelle ardente ;
Vendu les pins, les ifs avec les ébeniers
Et planté la terrasse en bons abricotiers ;
Au lieu du boulingrin qui ne rapportait guère
J'ai fait semer du chanvre et des pommes de terre ;
J'ai desséché l'étang pour vendre le poisson
Et puis en menus grains j'ai cultivé le fond ;
La garenne est changée en un gras pâturage,
J'ai du lait, de la crème et je fais du fromage
Qu'au Louvre, le jury, pourra dans son rapport,
Donner pour du Gruyère ou pour du Roquefort.

D'HÉRICOURT.

Je suis tout ébahi de l'imaginative
Qui tient en cent façons la terre productive.
Mais pour arriver là, comment est ce qu'on fait ?

BALAINVILLE.

C'est d'y penser toujours, voilà tout le secret.
C'est un point fixe, un feu qui brûle... et du négoce
Broussais, Gall et Spurzeim m'auraient trouvé la bosse.
Quand je marche tout seul, de peur de me rouiller,
Je trafique et je vends pour me désennuyer ;
Je vends l'eau de mes puits durant la sécheresse.

D'HÉRICOURT.

Votre défaut n'est pas, que je vois, la paresse.

BALAINVILLE.

Et tout ce que j'en dis, ce n'est pas de l'orgueil.

D'HÉRICOURT.

Oh !...

BALAINVILLE.

J'ai la main heureuse et le compas dans l'œil.
Quand j'achetai ce bien j'en connus l'avantage,
J'en fis, avec grand soin, moi-même, l'arpentage ;
J'épluchai le cadastre et consultai les baux ;
Je vis ce qu'on pourrait couper par petits lots ;
Et vendant en détail ces pièces détachées
J'ai trouvé, dans ce nid, des ressources cachées
Qui m'ont donné de quoi payer le fonds entier.

D'HÉRICOURT.

C'est de la bande noire !

BALAINVILLE.

On voit , à ce métier
Se livrer tous les jours les plus hauts personnages ;
Nosseigneurs ducs et pairs troquent leurs héritages
Contre de bons écus qu'ils placent sans remords,
Sur hypothèque , à cinq... et puis cinq en dehors.

D'HÉRICOURT.

Cet esprit mercantile a perdu la noblesse.

BALAINVILLE (à part.)

Il convient bien à lui!

D'HÉRICOURT (à part.)

Ma remarque le blesse.
Je vais le radoucir.... (haut) vous ne me parlez pas
De ce bois qui faisait l'objet de vos débats.

BALAINVILLE.

Si je vends d'un côté, de l'autre je désire,
Pour arrondir mon parc...

D'HÉRICOURT.

Et vous n'avez qu'à dire.

ROBERT (entr'ouvrant la porte du pavillon, bas.)

Approchons...

D'HÉRICOURT (à Balainville.)

Demandez et je me ferai fort
D'arranger tout cela, car c'est de mon ressort.

BALAINVILLE.

J'ai donc lieu d'espérer...

D'HÉRICOURT.

Parlez.

BALAINVILLE.

Voici l'affaire
Et je vais m'efforcer de vous la rendre claire :

Le jardin de Dubourg, de mon parc est voisin;
Je voudrais, dans le parc, enclaver le jardin.

D'HÉRICOURT.

A cet arrangement si l'avocat s'oppose ?...

BALAINVILLE.

Je vous préviens exprès pour avancer la chose.
Ne perdez pas le fil : notre avocat, je crois,
Veut avoir, comme nous, certain bouquet de bois
Qui longe son terrain, l'entoure, le resserre,
De son ombre couvrant l'espalier et la serre ;
S'il obtient ce qu'il veut, ce bois est abattu
Et plus jamais alors son bien ne m'est vendu ;
Comprenez-vous ?...

D'HÉRICOURT.

Mais oui... je commence à connaître...

BALAINVILLE.

Poursuivons... je voudrais que ce bouquet put m'être
Concédé...

D'HÉRICOURT.

Vous auriez, en procédant ainsi,
Deux portions pour une.

BALAINVILLE.

Et remarquez aussi,
Qu'ayant deux portions je paierais les deux sommes.

D'HÉRICOURT.

Mais Dubourg ?...

BALAINVILLE.

Enfoncé!... dans le siècle où nous sommes
En ami je le traite... et nous jouons au fin...

D'HÉRICOURT.

Pour vous, à corps perdu, j'entre dans ce dessein.
Deux bouquets... deux marchés...

BALAINVILLE.

Sans doute.. la couronne,
Si vous le voulez bien, sans délai me les donne.

D'HÉRICOURT.

Et pour rien ?

BALAINVILLE.

A peu près...

D'HÉRICOURT.

                    Je sens que dans ce cas
Votre pauvre Dubourg est mis dans l'embarras.
La valeur de sa terre aussitôt diminue.

BALAINVILLE.

Il faut qu'il s'en défasse et c'est là cette vue
Où je voulais d'abord vous amener...

D'HÉRICOURT.

                              J'y suis!

BALAINVILLE.

Menez tambour battant l'affaire...

D'HÉRICOURT.

                         Si je puis!
L'avocat n'a-t-il pas déjà fait sa demande?

BALAINVILLE.

La réponse, huit jours, faites qu'on la suspende;
Faites presser la mienne, et, quand tout sera clos
Vous lui notifierez un refus en deux mots.

D'HÉRICOURT.

Mais, s'il crie?

BALAINVILLE.

        Il criera.

D'HÉRICOURT.

             Le droit... et la justice?

BALAINVILLE.

A les paralyser je ne suis point novice;
Quand je fus obligé par quelque noble ami
On ne me vit jamais l'en payer à demi.

D'HÉRICOURT.

Monsieur!... vous oubliez...

BALAINVILLE.

                 Qu'est-ce qui vous offense?

D HÉRICOURT.

J'ai cru...

BALAINVILLE.

Moi, vous parler à vous, de récompense ?
Ah!...

D'HÉRICOURT.

Pur attachement! et je suis résolu
A n'en démordre pas... croyez...

BALAINVILLE.

C'est entendu.
Avant votre départ, ma femme aura, je pense,
A vous faire, tout bas, plus d'une confidence.

D'HÉRICOURT.

A moi?

BALAINVILLE.

Précisément, à vous.

D'HÉRICOURT.

Je suis heureux
De vous être à la fois agréable à tous deux.

BALAINVILLE.

Elle veut marier par vous, Jule.

D'HÉRICOURT.

O surprise!
De la jeune Sara j'ai cru son âme éprise.

BALAINVILLE.

Il en est fort épris mais nous n'en voulons plus;
Ma femme en a fort long à dire là-dessus;
C'est elle que je vois et c'est vous qu'elle appelle.

D'HÉRICOURT.

Je me rends à ses pieds, et vous, ami fidèle,
Traitez-moi donc toujours, comme par le passé,
En serviteur loyal et désintéressé...

(Ils vont tous deux vers le château où les attend
madame Balainville, qui un instant s'est
montrée à l'une des fenêtres.)

SCÈNE VI.

JULE , ROBERT.

ROBERT.

Qu'en dites-vous ?

JULE.

Le fat ! il faut que je m'apprète
A lui faire savoir... oui, va... non pas... arrète...
J'entendais ce langage... et comment ai-je pu ?...

.ROBERT.

Ne vous vantez pas trop... je vous ai retenu ;
Et sans' moi, vous alliez...

JULE.

Quelle est donc cette espèce
D'insecte qui s'attache aux chairs de la richesse ?
Indigne entremetteur ; complaisant odieux ;
Mon père est entrainé, son cœur l'inspirait mieux ;
L'homme a mille desseins différents et contraires ;
Vers le mal il se penche et ce sont les misères
De la pauvre nature ; aucun n'en est exempt ;
Mais du rêve à l'effet l'espace encor est grand.
Si le pas de l'erreur n'est pas rendu facile,
S'il ne se trouve pas quelqu'instrument docile,
Le sommeil de l'esprit se dissipe et l'on voit,
Sa tête relevant , l'homme qui marche droit.
Ce n'est pas à mon père ainsi qu'il faut s'en prendre,
C'est contre d'Héricourt que je dois le défendre ;
Ce fade courtisan, de ma haine est l'objet,
C'est en n'empêchant rien que le lâche a tout fait ;
Sur ce poison de cour je veux faire un exemple.

ROBERT.

Dans ce noble courroux, Monsieur, je vous contemple.
A l'honneur c'est en vain que nous en appelons,
Ces gens là n'ont-ils pas des ailes aux talons ?

JULE.

Ce n'était pas assez de rompre une alliance
D'abord si chère, il faut, trompant sa confiance ,
Prendre encore le bien de l'honnête Dubourg !
Mais je veux en parler à mon père.

ROBERT.

Il est sourd.

JULE.

A ma mère.

ROBERT.

Plus sourde.

JULE.

A mon oncle.

ROBERT.

Il évite
Ces lieux où désormais tout le blesse et l'irrite.

JULE.

Il y devait venir.

ROBERT.

Il n'est pas arrivé ;
Chez le cher avocat, peut-être, il s'est sauvé.

JULE.

En effet et j'y cours, il faut que je le voie.

ROBERT.

De tout ce qui se passe il sera dans la joie ;
Il aime le tapage et, misantrope aigri,
Des désordres du monde il faut qu'il soit nourri.

JULE.

Que tu le connais mal ! loin qu'il cherche les vices
Et loin que de son âme, ils fassent les délices,
Il n'a pour la vertu qu'un trop ardent amour.
Il ne peut supporter l'égoïsme du jour ;
Et l'immoralité qui partout prend racine ,
Et l'athéisme ingrat qui partout se dessine,
Il est vrai, de mon oncle ont soulevé le cœur,
Mais il ne reste pas insensible au malheur ;
A ses yeux révoltés l'injustice est un crime ;
On le trouve toujours, du parti qu'on opprime.

ROBERT.

Il sera donc du vôtre, allez, courez vers lui.

JULE.

Oui... ne me quitte pas...

SCENE VII.

JULE, SARA, ROBÉRT.

SARA.

Qu'avez-vous, mon ami?

JULE.

Eh! que me trouvez-vous ? je n'ai rien , je vous jure.

SARA.

Ses yeux ont démenti ce que sa bouche assure.
Jule , vous me cachez quelque chose.

ROBERT.

Il est temps,
Par ma foi , de se prendre à quereller les gens,
N'apercevrez-vous pas?...

JULE.

D'Héricourt et ma mère!

SARA.

Fuyons et dites-moi.

ROBERT (regardant la porte et le jardin de Dubourg.)

(à Sara)   (à Jule.)
Votre oncle... et votre père
Tous deux s'entretiennent, sont là dans le jardin.
(Il attire la porte.)

SARA.

S'ils me savaient ici !...

ROBERT (montrant la tour.)

Donnez-moi votre main ,
Entrez sans balancer... c'est une tour obscure
Qui vous offre du moins une retraite sûre.
C'est dans ce vieux donjon que , rarement ouverts ,
Les livres entassés seraient rongés de vers
Si je n'avais le soin d'en ôter la poussière.
La finance et l'amour ne s'en informent guère ;
Mais il viendra le temps des tranquilles plaisirs
Où, le soir, vous lirez pour charmer vos loisirs.

SARA.

Seule, en ce lieu si noir, quelle frayeur j'éprouve !

ROBERT.

Il ne faut pourtant pas qu'ensemble on vous y trouve.

JULE.

Je vais donc me glisser à travers le taillis,
La palissade est là, d'un saut je la franchis
Et par quelques détours à mon oncle j'arrive.

SARA.

J'ai peur pour lui... pour moi...

JULE (à Robert.)

       Tiens-toi sur le qui vive.

            ROBERT.

Ne tardez plus.

            JULE.

    Courage...

            ROBERT.

    Alerte !

            JULE.

          Et que l'amour
Couronne nos efforts avant la fin du jour.

     (Sara entre dans la tour, Jule dans le taillis,
     Robert dans le château.)

SCÈNE VIII.

D'HÉRICOURT, MADAME BALAINVILLE, SARA
(dans la tour.)

D'HÉRICOURT.

Enfin nous sommes seuls et votre Balainville,
Spéculant quelque part me laisse un peu tranquille.

MADAME BALAINVILLE.

Comme vous le traitez...

D'HÉRICOURT.

        Je suis las des projets
Qu'il entame toujours et ne finit jamais.

MADAME BALAINVILLE.

Il en finit beaucoup !

D'HÉRICOURT.

Entre nous, c'est un homme
Qui, passez-moi le mot, et m'accable, et m'assomme.
Il m'accable de biens ! et je trouve chez moi
Toujours quelques présents, que je me fais la loi
De garder, sans égard pour la main qui les donne.
Mais je suis assommé par toute la personne
De ce compteur d'argent...

MADAME BALAINVILLE.

Ménagez mon mari.

D'HÉRICOURT.

Vous valez mieux cent fois et c'est pour vous aussi
Que je viens en ces lieux.

MADAME BALAINVILLE.

Pour moi ?

D'HÉRICOURT.

J'ai l'âme bonne,
Vous me faites languir... Eh bien, je vous pardonne ;
Les rigueurs ont un terme et vous n'espérez pas
Que, sans fin, je consente à perdre ici mes pas.
Dupe je ne suis pas de tout votre manège ;
J'attends quelque retour de ceux que je protége ;
Avec votre mari je m'arrange ; avec vous
C'est un autre marché qu'avec le cher époux.

MADAME BALAINVILLE.

Je ne suis, dans le cœur que trop reconnaissante.

D'HÉRICOURT.

Esprit fallacieux et beauté décevante !

MADAME BALAINVILLE.

Finissez...

D'HÉRICOURT.

A tous deux vos pièges sont tendus.
J'en vois le fil.

MADAME BALAINVILLE.

Cessez et ne me raillez plus.

D'HÉRICOURT.

C'est une iniquité que l'époux me demande...
J'y consens, mais pourvu que sa femme se rende
A l'opéra, ce soir; loge du meilleur ton;
A droite, l'avant-scène; à gauche, le balcon.
Le balcon! rendez-vous de tous nos fashionables!

MADAME BALAINVILLE.

Le balcon, où l'on voit débiter mille fables
Par tous vos élégants, des femmes rédoutés.

D'HÉRICOURT.

Ces fables pourraient bien être des vérités,
Initiés qu'ils sont à l'art divinatoire,
De toute la chambrée ils connaissent l'histoire :
Craindriez-vous qu'on lut dans la vôtre?

MADAME BALAINVILLE.
                              Moi?
D'HÉRICOURT.
                                        Vous?
MADAME BALAINVILLE.

Je ne redoute rien.

D'HÉRICOURT.

          Venez donc avec nous.

MADAME BALAINVILLE.

Mon mari me suivra.

D'HÉRICOURT.

          S'il est de la partie
Je retire le gage et le nœud se délie.

MADAME BALAINVILLE.

Vous voulez, d'Héricourt, que seule?... non vraiment,
Vous et moi? tête à tête?

D'HÉRICOURT.

            Ecoutez-un moment,
Deux dames avec nous seront dans cette loge.

MADAME BALAINVILLE.

Deux dames?
                              11

D'HÉRICOURT.

De votre air : c'est en faire l'éloge.

MADAME BALAINVILLE.

Qui donc ?

D'HÉRICOURT.

Venez ce soir, alors vous le saurez,
Et quand vous aurez vu vous me remercierez.

MADAME BALAINVILLE.

Deux dames ?

D'HÉRICOURT.

Deux.

MADAME BALAINVILLE.

Leur nom et leur rang et leur âge.

D'HÉRICOURT.

L'une est un peu plus jeune et l'autre un peu plus sage.

MADAME BALAINVILLE.

C'est la mère et la fille ?

D'HÉRICOURT.

Eh ! mais, il se pourrait,
En peu de mots je vais vous faire leur portrait.

SARA (entr'ouvrant la porte — à part.)

De qui veut-il parler ?

D'HÉRICOURT.

Primo, la plus âgée
A bonne contenance et s'est bien ménagée,
Sa mise est élégante, et simple et de bon goût ;
A la ville, à la cour, on l'admettrait partout.

MADAME BALAINVILLE.

A la cour ?

D'HÉRICOURT.

A la cour.

MADAME BALAINVILLE.

Elle a de la naissance ?

D'HÉRICOURT.

Elle est d'une maison des meilleures de France.
Cela ne nuit jamais...

MADAME BALAINVILLE.

Comment donc ?

D'HÉRICOURT.

Quelques fous
Sapent l'hérédité...

MADAME BALAINVILLE.

Mais ce n'est pas chez nous
Qu'ils sont les bien-venus, une morale telle
Leur fermerait la porte... et la personne est-elle
Riche ?

D'HÉRICOURT.

Elle devait l'être.

MADAME BALAINVILLE.

Aurait-elle perdu ?...

D'HÉRICOURT.

Tout... la famille émigre et le bien est vendu.

MADAME BALAINVILLE.

L'indemnité, mon cher, a refait les fortunes.

D'HÉRICOURT.

Celles des princes, oui ; puis après, quelques-unes,
Mais pas toutes...

MADAME BALAINVILLE.

Tant pis !

D'HÉRICOURT.

Au second point passons :
Un esprit cultivé par de douces leçons ;
Dix-huit ans accomplis.

MADAME BALAINVILLE.

Ce chiffre à mon oreille,
Révèle d'un seul coup que c'est une merveille.
Ensuite, qu'en fait-on ?

D'HÉRICOURT.

Vous ne devinez pas
A qui j'ai destiné cet objet plein d'appas ?

SARA (à part.)

Je le devine trop !

D'HÉRICOURT.

A votre fils.

MADAME BALAINVILLE.

A Jule ?

Une fille sans bien ?

D'HÉRICOURT.

Est-ce que l'on calcule ?...

MADAME BALAINVILLE.

Balainville voudra, dans sa bru, réunir
La naissance et l'argent.

D'HÉRICOURT.

Il faut en convenir,
Je suis bien bon d'user mon esprit et mon zèle
A servir un tel homme, à sa rouille fidèle
Et qui ne comprend pas qu'en un pareil dessein
Il ne peut se montrer que l'argent à la main ;
L'argent de son côté, de l'autre la naissance
Tiennent en équilibre, à peu près, la balance ;
Mais...

MADAME BALAINVILLE.

Ne vous fâchez pas... je suis de votre avis.

D'HÉRICOURT.

Y ramenerez-vous le plus... sot des maris.

MADAME BALAINVILLE.

Je l'y ramenerai si je veux.

D'HÉRICOURT.

A l'ouvrage !
D'un tel assortiment admirez l'avantage...

MADAME BALAINVILLE.

J'en saisis tout le lustre et je voudrais déjà
Voir ces dames de près...

D'HÉRICOURT.

Ce soir... à l'opéra...
(Il va pour sortir.)

SARA (se renfermant, pousse un cri.)

Dieu !...

MADAME BALAINVILLE.

Quel bruit ?

D'HÉRICOURT.

Ce n'est rien...

MADAME BALAINVILLE.

Si !

D'HÉRICOURT.

Les feuilles sans doute.

MADAME BALAINVILLE.

C'est un cri... l'on s'enferme et quelqu'un nous écoute.

D'HÉRICOURT. (ouvre la porte de la tour.)

Qui donc est là.

MADAME BALAINVILLE (regardant.)

Sara !...

D'HÉRICOURT.

Je reste confondu !

MADAME BALAINVILLE.

Quoi !... vous ?... mais sortez donc...

SARA (sort en se bouchant les yeux et les oreilles.)

Je n'ai rien entendu !
(elle traverse la scène, se sauve par la petite porte
du mur mitoyen et disparaît.)

SCÈNE IX.

D'HÉRICOURT, MADAME BALAINVILLE.

MADAME BALAINVILLE.

Elle a tout entendu !

D'HÉRICOURT.

Mais ils sont deux peut-être,
Visitons bien. (Il entre dans la tour et revient aussitôt.)

MADAME BALAINVILLE.

Fermez, mon mari va paraître.

D'HÉRICOURT.

Ne l'instruisons de rien, nous irons mieux sans lui,
Car il est un obstacle au lieu d'être un appui.
Quand il s'agit de banque, et d'escompte et d'affaire
Sans contredit l'époux est l'agent nécessaire ;
Quand il s'agit d'amour, le cas est différent
Ce n'est qu'avec la femme alors que l'on s'entend.

MADAME BALAINVILLE.

Ah! que vois-je? un malheur ne vient jamais sans l'autre.

D'HÉRICOURT.

Vous pâlissez...

MADAME BALAINVILLE (s'appuyant sur son bras.)

Monsieur...

D'HÉRICOURT.

Quel péril est le vôtre

Cet effroi d'où vient-il?

MADAME BALAINVILLE.

Encore Vauléon!
(Le contrebandier arrive lentement.)

D'HÉRICOURT.

Eh! quoi cet homme là vient dans votre maison?

MADAME BALAINVILLE.

Vous le connaissez?

D'HÉRICOURT.

Peu... nous servîmes ensemble.

SCENE X.

Les mêmes, VAULÉON, suivi de BALAINVILLE.

VAULÉON (à d'Héricourt.)

Quel caprice du sort en ce lieu nous rassemble?
Parbleu, je suis charmé de vous y rencontrer.

BALAINVILLE (à Vauléon bas.)

Et comment osez-vous au château vous montrer?

VAULÉON (à Balainville, bas.)

Oser?... je vous suivrais sur la terre et sur l'onde
Et j'irais vous chercher jusques au bout du monde.
Cette fois, dans ma poche, ayant le Moniteur,
Je viens pour vous... vous seul...

BALAINVILLE.

Ce dévouement flatteur

Me touche...

MADAME BALAINVILLE (à Vauléon, bas.)

Si mon fils...

VAULÉON (bas.)

Il ne fait que se rendre
Chez le voisin Dubourg... et s'il vient nous surprendre,
De son père et de vous j'invoquerai l'appui :
Tant qu'on a peur de moi, je ne crains rien de lui.
(à d'Héricourt.)
Qui vous amène, vous ? la chose m'est suspecte...

D'HÉRICOURT.

Quant à votre motif, pour moi, je le respecte.

BALAINVILLE (se met entre eux.)

Pour y venir, messieurs, vous avez vos raisons,
Pourquoi s'abandonner à d'indignes soupçons ?

VAULÉON.

Nous nous sommes tous deux connus de vieille date,
Et je ne sais pas trop s'il faut que je m'en flatte.

BALAINVILLE (à Vauléon.)

Parlez-nous de la ville.

MADAME BALAINVILLE (à d'Héricourt.)

Et parlez de la cour.

VAULÉON.

A la ville on murmure, on s'aigrit chaque jour.

D'HÉRICOURT.

Ce bon peuple !... à la cour on gémit de sa peine.

VAULÉON.

Vous n'en donnez pas moins des fêtes par douzaine.

D'HÉRICOURT.

C'est l'usage, il faut bien danser au carnaval.

VAULÉON.

On ordonne un procès et l'on commande un bal.

D'HÉRICOURT.

Le luxe de la cour est l'âme de la ville,
Tout dans les ateliers sans lui reste immobile ;
Ce sont des questions que le bon sens résout
Par le progrès des arts, de l'aisance et du goût.

BALAINVILLE (à Vauléon.)

Qu'avez-vous à répondre ? est-ce là du langage ?
D'Héricourt n'en est pas à son apprentissage,

Il pense! et retorquant vos discours pleins de fiel,
Il parle exactement comme un industriel.

D'HÉRICOURT.

C'est que je n'aime pas que, sans nommer personne,
On nous critique tous et qu'on se passionne
Pour un système étroit qui tend à tout flétrir
De ce qu'on doit le plus révérer et chérir.

BALAINVILLE.

Révérer et chérir!...

VAULÉON.

Votre cour?

BALAINVILLE.

Elle-même.

VAULÉON.

Ah! ah!

BALAINVILLE.

Riez, riez...

D'HÉRICOURT.

C'est un dégoût extrême
Que j'éprouve en voyant ces esprits mal tournés
Qui, des mœurs du château, sont les détracteurs nés.
Le peuple, ses besoins, ses désirs, ses souffrances,
Eternels éléments de vagues remontrances!
Nous connaissons cela, nous n'y sommes pas pris;
Le devoir est, à nous, de guider les esprits
Loin de ces noirs sentiers de logique banale.
La cour n'a jamais tort, maxime générale...

VAULÉON.

Vous êtes absolu dans la conclusion.

D'HÉRICOURT.

Je n'ai rien à gagner à la confusion.

VAULÉON.

Mais...

D'HÉRICOURT.

La cour et la ville ont la même pensée.

VAULÉON.

C'est une illusion par vous trop caressée.

D'HÉRICOURT.

La cour est populaire.

VAULÉON.

Argument tout nouveau.

D'HÉRICOURT.

Ce qu'elle fait est bien ; ce qu'elle dit est beau.

BALAINVILLE (à Vauléon.)

Avouez-vous battu dans votre philippique.

VAULÉON (à Balainville.)

On l'a donc bien payé pour son panégyrique.

D'HÉRICOURT (à Balainville, bas.)

Défiez-vous de lui et croyez que je peux
Seul et sans qu'il s'en mêle accomplir tous vos vœux.

VAULÉON (à Balainville, bas.)

Ne vous laissez pas prendre à ses contes frivoles.

BALAINVILLE (montrant d'Héricourt.)

Que n'ai-je mon crayon pour noter ses paroles
Et les faire insérer dans un ordre du jour!

D'HÉRICOURT.

Qu'est-ce que le pays? la cour, la cour, la cour!...
Les grands consommateurs versent dans les fabriques
Des trésors, que l'impôt rend aux caisses publiques,
Et c'est ce mouvement qui de la nation
Augmente la richesse.

VAULÉON.

Et la corruption.

MADAME BALAINVILLE.

Corruption?

BALAINVILLE.

Ce mot est charmant dans sa bouche.

D'HÉRICOURT.

J'admire comme vous la pudeur qui le touche.

VAULÉON.

Vous le prenez bien haut, mon petit courtisan,
De brouille et de scandale éternel artisan ;
Vous vous fardez en vain, nous savons qui vous êtes
Et nous voyons la corde à travers les paillettes.

D'HÉRICOURT.

Avec cette insolence a-t-on jamais parlé?

VAULÉON.

Que vous sert à présent d'avoir dissimulé ?
Le corps est assez bien mais si vous sondez l'àme...

D'HÉRICOURT (à Balainville.)

Je vous quitte, une affaire ici près me réclame...

VAULÉON (à Balainville.)

Je lève le rideau, je perce le ballon ;
Et si je frappe fort c'est qu'on a le dos bon.

D'HÉRICOURT.

Brisons là...

VAULÉON.

Qu'autre part on fasse l'hypocrite.

D'HÉRICOURT.

Je pars...

BALAINVILLE.

(à sa femme.)   (à d'Héricourt.)
Reconduisez... merci de la visite...
Adieu... j'aurai l'honneur de vous la rendre...

(D'Héricourt sort avec madame Balainville.)

SCÈNE XI.

VAULÉON , BALAINVILLE.

VAULÉON (ouvrant le Moniteur et ramenant Balainville
sur le devant du théâtre.)

Au fait !
Un membre de la chambre est mort, et le préfet
Convoque le collége, il faut vous mettre en scène ;
Vous voulez devenir député de la Seine...

BALAINVILLE.

D'où sait-on que je veux devenir député ?

VAULÉON.

Est-ce à moi que l'on peut cacher la vérité ?
J'entends tout, je sais tout et partout des vedettes
Me tiennent au courant des affaires secrettes...

BALAINVILLE.

Quoi ?...

VAULÉON.

Vous serez nommé si vous le voulez bien.

BALAINVILLE.

Si je le veux ?

VAULÉON.

Payez et ne ménagez rien..

BALAINVILLE.

Ce ne sont pas les frais...

VAULÉON.

Donnez-moi carte blanche,.
Faites sonner partout une opinion franche,
Franche pour le moment et qu'on ferait plier
Dès que le thermomètre aurait pu varier,
Mais qu'on peut tenir chaude, à présent que la charte,
Boussole des partis, fait le tour de la carte.
S'il est dans le commerce un électeur gêné,
Empêchez qu'il ne soit, pour ses dettes, traîné
A l'humide préau de Sainte-Pélagie.
Ayez au *Veau qui tête* un repas, une orgie
Où je puisse, au dessert, vous proclamer tout haut
Pour l'aigle du collége et l'homme qu'il nous faut.

BALAINVILLE.

Hé !... payez-vous le cens ?

VAULÉON.

Non, mais dans l'assemblée
Au jour préparatoire on votera d'emblée,
Par acclamation, sans disséquer les voix ;
C'est avec de l'aplomb qu'on décide le choix ;.
Puis, quand tout est bâclé, qu'importe l'analyse?
Le succès couvre tout, telle est notre devise.

BALAINVILLE.

Vous m'avez si souvent séduit, trompé, trahi.

VAULÉON.

Payez mieux, votre argent vous assure un ami.

BALAINVILLE.

Mais à la bourse, hier...

VAULÉON.

Effacez la mémoire
Du passé !... l'avenir est pour vous plein de gloire..
La gloire est le poli qui fait le complément

D'une fortune acquise un peu bien lestement.
Vous légitimez tout en acceptant mon offre ;
C'est un laurier par moi placé sur votre coffre.
Laissez-moi donc agir... j'ai pour vous les journaux,
Journaux du ministère et quant aux libéraux
Je vas, en votre nom, frapper de porte en porte,
Je fais la circulaire et puis je la colporte ;
J'ai soin qu'en haut, qu'en bas rien ne soit épargné
Et ne m'arrête enfin que le procès gagné.

BALAINVILLE.

Non...

VAULÉON.

Vous ne voulez pas entrer dans cette voie ?

BALAINVILLE.

La faute vous ferait éprouver trop de joie.

VAULÉON.

Ma joie est de vous voir saisir l'occasion ;
Je réponds aujourd'hui de votre élection.

BALAINVILLE.

Comment expliquez-vous une telle influence ?

VAULÉON.

Je ne l'explique point. C'est une conséquence
De la marche qu'on suit au temps où nous vivons ;
On prend de toutes mains et nous en profitons.
Décidez-vous...

BALAINVILLE.

Et moi qui vous écoute encore
Vous, dont le seul contact infecte et déshonore ;
Vous qui mettez le vice et la bassesse à prix,
Et qui ne semblez vivre enfin que de mépris ;
Retirez-vous de moi...

VAULÉON.

Quelle est donc cette audace ?
Est-ce à moi que l'on parle ? est-ce moi qu'il menace ?
Estimez-vous heureux que je prenne en pitié
Les vains emportements de votre inimitié.
Depuis quand envers moi se montre-t-on si rude ?
Depuis quand cesse-t-on de se faire une étude
De flatter Vauléon afin de l'enhardir

A courir des hasards que lui seul peut courir?
C'était une façon d'exercer mon courage ;
J'avais tout le péril et vous tout l'avantage,
De vous le rappeler, j'ai souvent pris le soin ,
Faut-il que j'y revienne?

BALAINVILLE.

Il n'en est pas besoin.

VAULÉON.

Soyez-donc plus humain. Croyez-moi , Balainville,
Et ne vous séparez jamais d'un homme habile
Qui, s'il pouvait un jour se tourner contre vous,
Vous ferait trop sentir le poids de son courroux.
Je suis vindicatif et faut-il vous instruire
Des moyens toujours prêts que j'aurais de vous nuire?
Mais je n'y pense point et je viens franchement
Vous offrir mon secours; voyez dans quel moment :
Je vous fais député, je dirige le vote,
Du nombre, de l'esprit, du scrutin j'ai la note
Et je réponds de tout, je vous le dis encor...
Hâtez-vous... hâtez-vous...

BALAINVILLE.

Risquons... voilà de l'or...
(Donnant un rouleau de napoléons.)

VAULÉON (à part.)

Il se rend et j'ai mis la main sur ses finances !

BALAINVILLE.

J'espère, grâce à vous, rentrer dans mes avances.

VAULÉON.

(à part.)
Oui, vous y rentrerez!... je sens un feu subtil
Qui dans mes veines court.... (il caresse son or.)

BALAINVILLE (à part, le regardant.)

Quel sinistre profil !

VAULÉON (à part, regardant Balainville.)

Je crois qu'il se repent... Il faut que je m'échappe.
(Il sort.)

SCENE XII.

BALAINVILLE seul.

Il s'en va... je suis pris comme dans une trappe;
Ce rusé vagabond aux doigts a de la glu ,
Il emporte mon or et cet or est perdu.
J'en étais sûr d'avance et pourtant je le donne,
L'astucieux fripon me pique et me harponne ,
Il semble qu'à lui seul il vaille un bataillon;
Qu'il m'abreuve d'un filtre ou bien que d'un rayon
A la lune enlevé, me frappant la cervelle,
Ce méphystophélès me happe et m'ensorcelle...
Mais... d'où vient?...

SCENE XIII.

BALAINVILLE , L'ONCLE , MADAME BALAINVILLE
et plusieurs valets.

L'ONCLE (chassant devant lui les domestiques.)

Gare , gare... ô je le trouverai!
Et malgré vous, madame, ô je lui parlerai!

BALAINVILLE.

Qu'est-ce donc?

MADAME BALAINVILLE.

C'est un fou qu'il ne faut pas entendre..

BALAINVILLE.

Lui?...

MADAME BALAINVILLE.

D'hésitation sachez donc vous défendre
(à l'Oncle.)
Moi, je n'hésite pas et vous le savez bien;
Tout ce que vous direz ne servira de rien.

L'ONCLE.

Il faut, convenez-en, qu'en votre conscience,
Vous ayez tous les deux bien peu de confiance :
Ne pas vouloir d'un frère écouter les avis!
Nous en serions mieux tous s'ils étaient plus suivis.

MADAME BALAINVILLE.

Il veut à son aîné dicter des lois...

L'ONCLE.

                    Madame
Laissez, laissez ma voix pénétrer dans son âme.

MADAME BALAINVILLE.

Verrons-nous donc par lui renverser nos desseins ?

BALAINVILLE.

Je ne dis pas cela....

MADAME BALAINVILLE.

                    Je m'en lave les mains,
Si vous tergiversez nous serons en querelle.

L'ONCLE (attirant à lui son frère.)

Balainville, deux mots... je connais la nouvelle...
Vous attaquez Dubourg de plus d'une façon.
Il faut qu'il soit, par vous, chassé de sa maison,
Vous êtes offusqué d'un pareil voisinage
Et convoitez des yeux son modeste héritage.

BALAINVILLE.

L'affaire est magnifique.

L'ONCLE.

                    Était-ce une raison ?
Je ne me retiens plus à cette trahison:
Aller frapper au cœur l'amitié qui sommeille !
Ah ! la vengeance accourt et la justice veille ;
L'impunité, mon frère, a son terme.

BALAINVILLE.

                    C'est bon.

L'ONCLE.

Trop tard viendra pour vous le repentir.

BALAINVILLE.
                    Chanson.

L'ONCLE.

Si vous continuez, dès demain je l'affiche.

MADAME BALAINVILLE.

Affichez ?...

BALAINVILLE.

        Je m'en moque, après tout: je suis riche !
            (Ils sortent tous les uns après les autres.)

ACTE QUATRIÈME.

Le théâtre représente le salon d'attente du ministre des finances, à Paris.

SCENE Ire.

VAULÉON, L'HUISSIER D'ANNONCE.

VAULÉON.

Allons donc, allons donc... bavard comme un huissier!

L'HUISSIER (achevant sa toilette et mettant le collier signe de sa charge.)

Ne pas donner le temps de mettre son collier.

VAULÉON.

Il s'agit bien ici d'habit et de toilette...
Tu sais ce que je veux ; est-ce une affaire faite?
Là?...

L'HUISSIER.

Hors du droit chemin pourquoi tant me pousser?

VAULÉON.

Réponds?

L'HUISSIER.

Ceci n'est bon qu'à me faire chasser.

VAULÉON.

De ta disgrâce, ami, fort peu je m'embarrasse.

L'HUISSIER.

Mais moi!...

VAULÉON.

Je peux ailleurs t'avoir une autre place,
Et meilleure...

L'HUISSIER.

Meilleure? ici j'ai des profits...

VAULÉON;

Quelques petits écus, misère! je te dis
Que je puis, dans les jeux, te faire *bout de table.*

L'HUISSIER.

Dans les jeux?

VAULÉON.

                        Comment donc, c'est un poste agréable
Que l'on voit occupé par des gens de bon ton,
Et d'un beau traitement, sans le tour du bâton,
Sans le prêt clandestin, l'intérêt usuraire,
Sans les montres, cachets, bijoux, que, d'ordinaire,
Vend, au prix le plus vil, un joueur déconfit
Qui se fera sauter la cervelle à minuit.

L'HUISSIER.

C'est là ce qu'on appelle une place meilleure?

VAULÉON.

Armé d'un long rateau tu vois en moins d'une heure
Passer devant tes yeux l'or, l'argent, les billets,
Les rentes du marquis , les gages du laquais ;
Car au jeu tout se mêle, au jeu tout se nivelle,
Et la foule en un jour cent fois se renouvelle.

L'HUISSIER.

Vous ne me tentez pas avec ce bel emploi,
Gardez-le, s'il vous plait, pour un autre que moi.
J'ai pris le mien sitôt après la république,
Et c'est une façon de lanterne magique
Où j'ai vu figurer les costumes divers
Tantôt mis à l'endroit et tantôt à l'envers.
Si je voulais parler ! je sais des personnages
Qui changent tous les mois hardiment de visages ;
Dès qu'un nouveau ministre, un nouveau directeur
Est dans une ordonnance, inscrit au Moniteur,
Ils accourent l'œil vif et la mine vermeille
Sacrifiant toujours l'idole de la veille
Au mannequin du jour ; un placet à la main ,
A l'entour du pouvoir formant un mur d'airain;
Menaçant, dénonçant et vivant de mensonges;
Pour des réalités faisant passer leurs songes ;
Forçant le cabinet , encombrant les bureaux,
Privant les vieux commis du fruit de leurs travaux ;
Faisant destituer les préfets et les maires ,
Souillant de leur venin tous les fonctionnaires,
Abusant du crédit et criant aux abus,
Enfin, de pensions quand ils sont bien repus,
Daignant des fonds secrets laisser tomber les restes

13

Sur ces pauvres honteux, solliciteurs modestes,
Que le ciel, à Paris, jeta, dans son courroux;
Qui, jusqu'à l'anti-chambre, arrivent à genoux,
Et que de nos mangeurs la cohorte rusée
Sans repit, sans quartier, poursuit de sa risée,
Montre au doigt sur le pont, éclabousse aux guichets,
Et refoule en province à coup de quolibets.

VAULÉON.

Peste, où prend ton esprit, ces pointes satyriques?
Je suis charmé de voir ces traits philosophiques
S'échapper de ta bouche et, par réflexion,
Ce bel esprit te met à ma discrétion.
Je te tiens...

L'HUISSIER.

      Me tenir ?... vous me la donnez bonne,
Dans mon petit tableau je n'ai nommé personne,
Ce n'est pas moi qu'on prend aisément en défaut.

VAULÉON.

Ah! ah!

L'HUISSIER.

     De monseigneur je n'ai pas dit un mot;
Sa réputation est hors de toute atteinte.

VAULÉON.

Je n'en irai pas moins contre toi porter plainte.

L'HUISSIER.

Allez... mais néanmoins...

VAULÉON.

       Il ferait beau de voir
Le ministre, à ses gens, donner un habit noir
Pour s'entendre, chez lui, passer par leurs censures,
Dans sa personne même ou dans ses créatures.

L'HUISSIER (à part.)

Ah! diantre...

VAULÉON.

Le pardon ne peut être accordé...

L'HUISSIER (à part.)

Il pourrait!...

VAULÉON.

Le secret ne peut être gardé

Qu'autant que tu m'auras communiqué la liste
Des audiences...

L'HUISSIER.

Moi ?

VAULÉON.

Tu me vois à la piste
D'un certain Balainville...

L'HUISSIER.

Oh ! je le connais bien,
Il vient chez nous souvent et ne me donne rien.

VAULÉON.

Souvent ? je m'en doutais. A sa candidature
Ce que tu me dis là nuira fort je le jure.
Sa perte est mon triomphe ; il faut adroitement
Pousser nos électeurs au doute, au changement;
Ce sont des *Epiciers*, ce sont de bonnes bêtes
Qui vendent à faux poids et se disent honnêtes
Mais qui veulent surtout pour les représenter,
Des hommes purs !... et moi de leur en souhaiter !
Des hommes purs ? la race en est je crois perdue;
Comme au soleil de mai la neige s'est fondue;
Et maître Balainville aujourd'hui nous apprend
Qu'il n'a pas prétendu remonter le torrent.
Aller chez un ministre ! ô crime abominable !
C'est de quoi renverser la fortune du diable.
Autrefois on prenait fort bien les députés
Des mains du ministère, ils étaient réputés
Voter, malgré cela, selon leur conscience.
Autres temps, autres mœurs : adieu la confiance
Pour les agens du fisc et pour leurs commensaux,
On ne veut plus avoir que des hommes nouveaux.
Il nous faut des Solon taillés à coup de serpe
Qui ne soient les amants de Clio ni d'Euterpe ;
Des notabilités de clocher, de canton
Qui sachent bien le cours de l'orge ou du savon ;
Braves législateurs à leur première sève,
Qui n'aient encor touché ni l'urne ni la fève ;
De ces orangs-outangs, à peine dégrossis
Se trouvera-t-on mieux ? j'en serais bien surpris;
Au lieu d'indemnité nous paierons leurs écoles
Et de plus, nous perdrons tant de belles paroles

Que l'on nous débitait au moins pour notre argent.
A des hommes d'état il faut de l'entregent
Et l'imbécillité n'est pas de la sagesse.
On met trop d'importance à la délicatesse
Et l'on croit qu'un sénat de gens frais émoulus
Va briller de l'éclat des antiques vertus.
Ce n'est pas moi qui cède à de telles pensées;
Mais quand cela serait? quand les fautes passées
Ne dissiperaient pas l'espoir de l'avenir,
Il ne faudrait pas trop s'en laisser prévenir,
La probité n'est pas la base nécessaire
De notre politique et c'est tout le contraire :
Pour marcher, que faut-il? secouer le Platon,
Braver le commentaire et le qu'en dira-t-on.
Mirabeau se piquait assez peu de morale,
Sa vie avait été l'école du scandale,
De la France pourtant il était applaudi.

L'HUISSIER.

Certes!

VAULÉON.

Etait-ce un Caton que cet abbé Maury,
De tous les novateurs fougueux antagoniste,
Qui depuis !... mais alors il était royaliste.
Somme toute, il vaut mieux un fripon qu'un butor,
Toujours en sentinelle aux portes du trésor,
Qui ne sait point parler, qui ne sait point écrire,
Et ne saura jamais que piller c'est produire;
Matière inerte !

L'HUISSIER.

Il mêle à son rude jargon
Je ne sais quoi qui tend à lui donner raison.
Mais si les députés imitaient ses modèles
Je crois qu'incessamment on en verrait de belles,
Comme il tranche !

VAULÉON.

Après tout, je ne suis point ici
Pour faire prévaloir mes conseils, Dieu merci;
Je reçois des deux mains pour conduire une intrigue
Où je m'amuse plus que je ne me fatigue.
Monsieur de Balainville a bien payé d'abord
Et je lui dûs aussi mes services, d'accord;
Mais son compétiteur m'ayant pris en cachette
Enchérit sur la somme... à ce prix il m'achette;

Celui que je servais d'abord, je le dessers;
Fidélité serait de ma part un travers...
Mais il faut s'assurer... va chez le secrétaire
Dérober cette liste...

L'HUISSIER.

Et qu'en voulez-vous faire?

VAULÉON.

Tu le sauras, va dis-je, ou bien je te promets...

L'HUISSIER.

Cet homme là m'impose... allons... je me soumets...
(Il sort.)

SCENE II.

VAULÉON seul.

Tout va bien, je commande, à ma voix tout s'anime
Et je vais remporter le succès légitime
Qu'à ma sagacité promirent les destins.
Tant de veilles, tant d'art n'auront pas été vains !
Courage, Vauléon, ton astre se rallume,
Tes mémoires seront, à six francs le volume,
Vendus chez Ladvocat à beaux deniers comptants,
Avec les plus fameux des ouvrages du temps.
En rentrant tous les soirs j'en écris quelques pages,
Ces manuscrits, revus par un auteur à gages,
Vaudront, si le libraire en sait tirer parti,
Balzac ou Paul de Kok, Georges Sand, Léoni
Et tous ces fins recueils de maximes lubriques
Dont le palais royal a rempli ses boutiques.
Ce désordre me charme et je serais fâché
Que par quelque police il put être empêché.
Je suis né pour le trouble et si je me consulte
Je maigris du repos, j'engraisse du tumulte ;
Je me plais au bruit sourd des machinations
Et j'ai le cerveau plein d'imaginations
Qui me meneraient loin si n'étaient les barrières
Que la gène toujours apporte à mes affaires.
Mais Balainville est là ; mes ennuis vont cesser,
C'est une vache à lait que je prétends sucer
Tant et si bien qu'il faut qu'à la fin je l'épuise.

La haine que pour lui je sens , ne se déguise
Qu'assez mal et pourtant tout malin qu'il se croit,
Tout prêt qu'on le suppose à sa toucher du doigt
Il n'y voit que du feu ; je l'entraine, l'attire,
Le pousse, le retiens ; je fonde mon empire
Sur la peur , l'espérance et sur l'occasion
Qui toujours, par moi, tourne à sa confusion.
Sa femme aigrit encor le fiel de ma colère ;
Que j'aurai de plaisir à les jeter par terre,
Et son fils même , avant que d'être général
Par mes soins pourra faire un tour à l'hôpital.
Comme un chancre je veux ronger cette famille ,
Je crois entrevoir l'oncle... à l'Institut il brille
Mais dans ces lieux , il rampe...

SCÈNE III.

VAULÉON , L'ONCLE.

L'ONCLE.

Eh ! morbleu, vous ici ?

VAULÉON.

Puisque vous y venez j'y puis venir aussi.

L'ONCLE (à part.)

Une telle rencontre est d'un mauvais augure.

VAULÉON (à part)

Je crois que le bon homme a peur de ma figure.

SCENE IV.

LES MÊMES , L'HUISSIER.

L'HUISSIER (à Vauléon.)

Voici la liste...

VAULÉON (à l'Huissier bas.)

Donne... indice essentiel...
Nul doute, Balainville est ministériel,
Je lis son nom...

L'HUISSIER (bas.)

De plus, vous saurez que par lettre

Il a promis, pourvu qu'on voulut lui remettre
Une commission pour son fils, de voter
Pour nous !...

VAULÉON (bas.)

Lui ?... le papier, peux-tu me l'apporter ?

L'HUISSIER.

Oh !...

L'ONCLE (à part.)

Quand finiront-ils ?...

VAULÉON (à l'Huissier.)

La lettre ?...

L'HUISSIER (à Vauléon.)

Pas possible.

VAULÉON.

La lettre !

L'HUISSIER.

Non...

VAULÉON.

Non ?... soit,... tu m'en as assez dit ;
Balainville est perdu, ce témoin me suffit.
(Montrant la liste)
Et dès qu'il vient flairer la puissance orgueilleuse
C'est pour nos électeurs une brebis galeuse ;
Au revoir, je m'en vas, armé de tes avis
Dénoncer le transfuge à mes nouveaux amis.
(à part)
Que les élections font remuer d'idées
Et d'argent ! c'est le nerf ! que d'âmes possédées
Du démon de l'envie et de l'ambition,
Se moquent des périls d'une insurrection
Et carressent, sans choix, tous ceux qui le secondent !
C'est sur ces passions que les votes se fondent ;
Et tout ce tripotage est tel qu'il n'est qu'un sot
Qui ne trouve moyen de s'y faire son lot.
(Haut.)
Au revoir...

L'ONCLE (l'arrêtant.)

Pas si vîte, il faut que l'on m'apprenne
D'où vient qu'avec mon frère...

VAULÉON.

Enquête folle et vaine!

Il faudrait remonter trop haut pour éclaircir

Les liens, les motifs... vous ne pourriez saisir
Tous les engagements d'esprits comme les nôtres,
Car vous ne marchez pas sur les traces des autres ;
De Socrate, je crois, vous êtes le rival
Et vous cherchez le bien, quand nous cherchons le mal.
C'est le mal, c'est l'erreur qui fait notre puissance,
Et c'est la vérité que prêche la science ;
J'en sais tout aussi long qu'un autre la dessus,
Mes goûts sont raisonnés.

L'ONCLE.

Quoi!...

VAULÉON.

Ne m'arrêtez plus...

L'ONCLE (à part.)

Avait-on vu jamais pareille effronterie ?

VAULÉON (à part.)

Je rabats le caquet à sa pédanterie.

L'ONCLE.

Et mon frère !

VAULÉON.

Eh ! bien donc je déclare aujourd'hui,
Non pas pour me vanter, que je vaux mieux que lui.

(Il sort.)

SCENE V.

L'ONCLE, L'HUISSIER.

L'ONCLE.

C'est là de ce pays le gibier ordinaire.

L'HUISSIER (à part.)

Quel est cet homme là ? pourquoi ce front sévère ?

L'ONCLE.

Qu'on me fasse parler au ministre ?

L'HUISSIER.

Avez-vous,
Pour voir son excellence un mot de rendez-vous ?

L'ONCLE.

A quoi bon je vous prie ? est-elle inaccessible?
Mon affaire est urgente et je veux...

(Il marche vers la porte du cabinet.)

L'HUISSIER (se place devant.)

Invisible...

L'ONCLE.

Ainsi nous les payons pour nous bien recevoir
Et voilà justement comme il font leur devoir.

L'HUISSIER.

Vous oubliez, Monsieur, dans quel salon vous êtes.

L'ONCLE.

M'assimilerait-il à ces marionnettes
Qu'on fait mouvoir d'un fil et qui, de nos grandeurs,
Avec humilité supportent les vapeurs ;
Courbent à l'étiquette une raison docile
Et vont dans l'antichambre élire domicile ?
Je ne viens pas ici pour mes menus plaisirs
Et je n'ai pas de temps à perdre en sots loisirs.
J'entrerai...   (Il fait une nouvelle tentative.)

L'HUISSIER.

Vain courroux et prière inutile.

L'ONCLE (le saisit par le bras.)

Oh ! parbleu...

L'HUISSIER (s'appuyant contre la porte.)

N'allez pas vous échauffer la bile.
Je suis là comme un roc ; à moins d'un ordre exprès,
Jusques à Monseigneur on ne parvient jamais.
Et d'où sortez-vous donc avec cette ignorance ?

L'ONCLE (à part.)

Toujours la même allure et la même insolence.
On a beau les frotter et leur jeter au front
les pavés de Paris, ce qu'ils furent, ils sont ;
C'est-à-dire, faquins, grossiers, inabordables ;
Et je voudrais les voir aller à tous les diables.

(Il marche sur l'huissier.)

L'HUISSIER.

N'approchez pas... monsieur... par ma foi c'est trop fort.
Nous verrons qui des deux...   14

SCENE VI.

LES MÊMES , LE SECRÉTAIRE.

LE SECRÉTAIRE (sortant du cabinet.)

Huissier, vous avez tort.

L'HUISSIER.

On m'insulte.

LE SECRÉTAIRE.

C'est bien.

L'HUISSIER.

On m'outrage.

LE SECRÉTAIRE.

Silence.

L'HUISSIER.

Et que sommes-nous donc?

LE SECRÉTAIRE.

Sortez de ma présence,
Vous avez tort, vous dis-je, et devez tout souffrir.

L'HUISSIER.

Et si l'on me battait?

LE SECRÉTAIRE.

Il faudrait m'avertir.

L'HUISSIER.

Le métier valait mieux avec le despotisme.

LE SECRÉTAIRE.

Pliez, suivez le temps et point d'anachronisme.

L'HUISSIER (à part.)

O dépit!... on ne peut garder ses fonctions,
Qu'en faisant au public des génuflexions!

(Il sort.)

SCENE VII.

LE SECRÉTAIRE, L'ONCLE.

LE SECRÉTAIRE.

Le ministre est absent.

L'ONCLE.

Ce n'est qu'une défaite.

LE SECRÉTAIRE.

Je puis vous assurer...

L'ONCLE.

Ce n'est pas moi qu'on traite
Comme un enfant.

LE SECRÉTAIRE.

Monsieur, de grâce, croyez moi.

L'ONCLE.

Si matin... le ministre?...

LE SECRÉTAIRE.

Est allé chez le roi.

L'ONCLE.

A qui donc s'adresser ?

LE SECRÉTAIRE.

Je suis son secrétaire,
Sans crainte vous pouvez m'expliquer votre affaire.

L'ONCLE.

Volontiers, elle est simple et je vas en deux mots
Dire ce qui m'amène.

LE SECRÉTAIRE (avançant un fauteuil.)

Un siège.

L'ONCLE.

Vos travaux
Pourraient souffrir, monsieur, de tant de politesse,
Restons debout.

LE SECRÉTAIRE (à part.)

Je veux amollir sa rudesse.

L'ONCLE.

Mon frère , Balainville...

LE SECRÉTAIRE.

Un banquier... je connais...

L'ONCLE.

Et son ami Dubourg...

LE SECRÉTAIRE.

Un avocat... je sais...

L'ONCLE.

Que savez-vous ?

LE SECRÉTAIRE.

Tous deux m'ont fait leur confidence ;
J'ai l'honneur , avec eux , d'être en correspondance.
Tous deux je les connais et le banquier surtout :
C'est un homme qu'on voit et qu'on entend partout ;
Qui croit qu'avec de l'or , avec du savoir faire
On achète un commis et tout le ministère.
Dubourg est l'opposé ; dans son cœur délicat
Il croit qu'on peut, gratis, administrer l'état.
Quoiqu'il ait pour ami plus d'un grand personnage ,
C'est à d'autres que lui qu'il ouvre le passage.

L'ONCLE.

C'est cela !...

LE SECRÉTAIRE.

Convenez que je suis au courant.

L'ONCLE.

Je m'étonne de voir la tournure que prend
L'entretien ; à parler il faut que je renonce ,
Vous faites la demande ainsi que la réponse.
Ce sont mes gens...

LE SECRÉTAIRE.

J'irai plus loin , si vous voulez
Dans les secrets de ceux de qui vous me parlez.
Par exemple, j'ai su qu'un brillant mariage
Devait, de leurs enfants, unir...

L'ONCLE.

Pur alliage !
C'était, hier encore, c'était là le projet ,

Mais aujourd'hui , bon soir et c'est là le sujet
Qui cause ma visite.

LE SECRÉTAIRE.

Et que vous promet-elle ?

L'ONCLE.

Dubourg, vous l'avez dit , a dans sa clientelle
Des gens de haut parage et ce n'est que par lui
Que mon frère au trésor a trouvé de l'appui.

LE SECRÉTAIRE.

Cette amitié l'a mis en très-bonne posture.

L'ONCLE.

Mon frère ?... son lien n'est plus qu'une imposture.

LE SECRÉTAIRE.

Vous allez un peu vite...

L'ONCLE.

Il va plus vite encor
Et son ingratitude a déjà pris l'essor ,
Jusques là que je dois , pour empêcher sa honte,
Elever sur ses pas une barrière prompte.

LE SECRÉTAIRE.
Monsieur...

L'ONCLE.

L'honneur vous parle et doit être écouté;
Je dis , quoiqu'à regret, la dure vérité :
L'emploi que pour son fils mon frère sollicite...

LE SECRÉTAIRE.

Le brevet s'expédie...

L'ONCLE.

Ah ! suspendez le vite.

LE SECRÉTAIRE.

Comment espérez-vous que je prenne sur moi ?...

L'ONCLE.

S'il le fallait , monsieur , j'irais parler au roi !
Vous et moi, serions-nous témoins d'une infamie
Et complices tous deux...

LE SECRÉTAIRE.

Permettez , je vous prie :
Je ne comprends pas bien...

L'ONCLE.

On a rompu les nœuds
Qui firent si long-temps l'objet de tous nos vœux.
Il faut aussi je pense en même temps détruire
Ce qui tient au contrat qu'aujourd'hui l'on déchire.
L'emploi fut obtenu par les soins de Dubourg,
Faut-il qu'à Balainville il profite en ce jour ?

LE SECRÉTAIRE.

L'emploi ? C'est pour le fils...

L'ONCLE.

Quand il était le gendre,
Et , quand il ne l'est plus Dubourg doit le reprendre ;
Dubourg avait tout fait, Dubourg doit tout avoir.
Apprenons à mon frère à faire son devoir ;
Il voulait me *rouer* et c'est moi qui le roue,
Il ne sait pas encor le tour que je lui joue !

LE SECRÉTAIRE.

Mais faire un receveur d'un avocat ?

L'ONCLE.

Parbleu ;
Le singulier scrupule ; eh ! nous verrons dans peu
Les avocats partout ; ils gouvernent la France.

LE SECRÉTAIRE.

Ils ne peuvent encore envahir la finance...
Au surplus... écrivez... venez à mon bureau,
Contre la banque ici plaidez pour le barreau.
Si le ministre veut , j'aurai l'âme ravie
De voir un arrêté conforme à votre envie :
Expliquez nettement votre position.

L'ONCLE.

Vous feriez mieux que moi cette pétition.

LE SECRÉTAIRE.

Je veux bien vous aider.

L'ONCLE.

S'il était nécessaire
Jule et Dubourg viendraient ; je suis leur commissaire,

Je n'agis qu'en leur nom , j'irai bien les chercher ;
C'est un vol que tous trois nous voulons empêcher;
Et ces droits , ce brevet que l'avocat réclame
Jule en pourra jouir s'il prend Sara pour femme.

LE SECRÉTAIRE.

Bien!...

L'ONCLE.

Ce que j'en fais, c'est toujours dans le but
De renouer l'hymen, seule ancre de salut;
Et, cela saute aux yeux , tout ce que je propose
Est, pour les deux partis, une excellente chose.
Il faut que le ministre...

LE SECRÉTAIRE.

Il va bientôt rentrer.

L'ONCLE.

Tous deux, dans la requête, il faut le chapitrer
Et lui monter la tête.

LE SECRÉTAIRE (indiquant la porte de son cabinet.)

entrez...

L'ONCLE (à part.)

Le galant homme !
S'il en est deux pareils je l'irai dire à Rome.

LE SECRÉTAIRE.

Vous dictez et j'écris.

L'ONCLE.

Deux lignes suffiront ,
Et pendant ce temps-là Jule et Dubourg viendront.

LE SECRÉTAIRE.

Je les ferai passer par la petite porte ,
Ce sera le plus court, si bien que de la sorte
Rien ne languira...

L'ONCLE.

Rien !...

LE SECRÉTAIRE (à part.)

Il croit que seulement
Je veux le contenter ; il en est autrement ,

Son frère m'a blessé par certaine manœuvre...
(haut.)
Maïs voici l'audience, allons nous mettre à l'œuvre.
(Ils entrent dans le cabinet du secrétaire.)

SCENE VIII.

L'HUISSIER, BALAINVILLE, Mesdames DUCHEMIN,
GIRARD, RIVAS, SOLLICITEURS.

L'HUISSIER (aux solliciteurs.)

Sur les bancs... placez-vous...

BALAINVILLE.

J'aime cette atmosphère
Et j'y trouve un parfum qui sent son ministère.
O que je voudrais bien être impatronisé
Dans un de ces palais où tout est disposé,
Sans que le titulaire ait délié sa bourse.
Comme un fleuve dont rien ne peut tarir la source,
Le budjet, qui pourvoit à ces ameublements,
Doit être alimenté par les départements.
Pour orner un salon dans les formes communes,
Il faut y consacrer l'argent de vingt communes;
Ça ne ressemble point à nos hôtels mesquins
Où sur l'économie on règle ses desseins;
Où le maître s'amuse à revoir les factures;
On ne contrôle ici ni gens ni fournitures.
Les ministres ne sont jamais assez payés;
Ils ont trente valets largement défrayés,
Dix commis à l'affut pour écrire une lettre,
Dix soldats à cheval pour aller la remettre.
A quelques changements que l'état soit soumis,
Aux heures du dîner le grand couvert est mis.
La rigueur des saisons n'y laisse point de traces;
L'été n'a point de feux, l'hiver n'a point de glaces,
Par le calorifère et le ventilateur
Le mercure se tient à la même hauteur.
Les tapis d'Aubusson parent le vestibule,
Chez Lepaute ou Bréguet on a pris les pendules
Et quand on est nommé, le proverbe le dit,
Il ne faut apporter que son bonnet de nuit.
O l'excellent métier que celui de ministre!

L'HUISSIER (prenant les lettres d'audience.)

Inscrivons tour à tour les noms sur mon registre ,
Madame Duchemin... puis madame Girard...
Puis madame Rivas...

MADAME RIVAS (à l'Huissier , bas.)

Je vous tire à l'écart ,
Mon bon petit monsieur , ouvrez ma bonbonnière ,
Prenez et notez moi pour entrer la première :
Ne me refusez pas... il est midi passé...

L'HUISSIER (montrant Balainville et sa lettre.)

Je ne puis... c'est monsieur qui doit être annoncé.

BALAINVILLE.

Non... je sais... mais... il faut que j'attende ma femme,
(à part.)
Elle est chez d'Héricourt... j'ignore sur mon âme
Ce qui peut à présent chez lui la retenir.
Toujours exacte à l'heure, elle aurait dû venir...
(Haut à l'Huissier.)
Faites passer quelqu'un , je prendrai patience.

L'HUISSIER (à Balainville, bas.)

Vous courez le hasard de manquer l'audience ;
Un ordre peut mander le ministre au château
Et votre rendez-vous s'en irait à vau-l'eau.
Tout ministre qu'il est, il est à la minute ,
Dès que le roi l'appelle , au risque de la chute
Il faut qu'à son devoir il se rende d'un saut.
Toute la cour voudrait qu'on le prit en défaut ;
Il a mille rivaux qui conspirent sa perte ;
On attend qu'il chancelle et qu'il se déconcerte ;
Il rentre quelquefois pâle, tremblant , défait
Et c'est moi qu'il gourmande alors par ricochet.
Si vous venez un jour de si mauvais présage
Gardez-vous bien surtout de forcer le passage
Et ne vous allez pas mettre dans son chemin.
Pour réussir , il faut savoir dès le matin ,
Comment son excellence a la tête montée ;
A la chambre, au conseil, comment elle est traitée ;
Si le sommeil est bon, ou bien si le repas
N'a pas dans les humeurs causé quelqu'embarras.

BALAINVILLE (bas.)

Cet avertissement mérite son salaire.

L'HUISSIER (bas.)

Vous promettez toujours et vous ne tenez guère.

BALAINVILLE (bas.)

Mais quand je donne aussi je le fais largement
Et sais, quand il le faut, en agir noblement.
Ma bourse est à propos fermée ou libérale,
Vous voyez... rien pour rien... c'est la bonne morale.

(Il lui donne une pièce d'or.)

L'HUISSIER.

(A part.)

Cela nous racommode et cet homme a du bon.

(A Balainville, bas.)

Puisque vous le prenez, avec moi, sur ce ton,
Je vous préviens... mais...   (On entend une sonnette.)

BALAINVILLE.

Quoi ?...

L'HUISSIER.

C'est le ministre... il sonne.

(l'Huissier sort.)

SCENE IX.

LES MÊMES, MOINS L'HUISSIER.

BALAINVILLE.

Au milieu de sa phrase il part et m'abandonne ;
Quant à l'argent, toujours il le garde. O corbleu,
Je ne m'en irai pas sans ravoir mon enjeu.

MADAME DUCHEMIN (s'approchant).

Monsieur.....

BALAINVILLE (à part.)

N'avait-il pas quelque chose à me dire ?

MADAME DUCHEMIN.

Monsieur....,

BALAINVILLE (à part.)

A mes dépens n'a-t-il voulu que rire ?

MADAME DUCHEMIN (se plaçant devant lui.)

Le ministre est rentré?

BALAINVILLE (avec humeur.)

Sans doute.

MADAME DUCHEMIN.

Excusez-moi.

BALAINVILLE.

Qui vous amène ici? qu'invoquez-vous?

MADAME DUCHEMIN.

La loi.

BALAINVILLE.

La loi? vous êtes folle!

MADAME DUCHEMIN.

Ah! ménagez-nous...

BALAINVILLE.

Folle!

Vous pouvez là-dessus m'en croire sur parole.
La loi? d'où sortez-vous? venir solliciter
Avec un mot pareil et pourtant se flatter
D'être écoutée? ah fi! c'est, il faut vous l'apprendre
C'est ruiner sa cause au lieu de la défendre,
Quand on veut triompher...

MADAME DUCHEMIN.

Comment fait-on?

BALAINVILLE.

Comment?

C'est de faveur qu'on parle et de loi, nullement.
D'un député du centre obtenez l'apostille,
Pourquoi venez-vous seule? avez-vous une fille?

MADAME DUCHEMIN.

Ah!...

BALAINVILLE.

Je veux vous servir... et que demandez-vous?

MADAME DUCHEMIN.

L'inexorable mort m'enleva mon époux.

BALAINVILLE.

Militaire? vainqueur de Fleurus et d'Arcole?
Par un bureau de timbre il faut qu'on vous console.
(à madame Girard.)
Vous?

MADAME GIRARD.

Mon pauvre mari périt sur le tillac.

BALAINVILLE.

Marin? qu'on vous adjuge un bureau de tabac.
(à madame Rivas.)
Vous?

MADAME RIVAS.

Vous m'interrogez, mais, de grâce, à quel titre?
Voulez-vous me placer comme sur un pupitre,

Et me faire jaser comme le perroquet
Dont l'enfant, sur son arbre , excite le caquet?

BALAINVILLE.

Dans le salon d'attente, eh! n'est-ce pas l'usage ?
Quand on peut raconter ses maux, on les soulage.

MADAME RIVAS.

Moi? je n'ai point de maux qu'il faille soulager,
Et... serez-vous discret?... vous allez en juger.
(Elle le tire à part.)
Je fus, dès mon enfance, une franche étourdie;
De mon département de bonne heure sortie,
J'établis mon séjour dans la ville des arts.
J'ai sans doute, en ces murs, couru quelques hasards,
Mais je n'ai point perdu d'époux à la bataille
Et je ne me crois pas un seul titre qui vaille.

BALAINVILLE.
Vrai?

MADAME RIVAS.

Je n'en montre pas moins de prétentions:
Secours, petits cadeaux, gratifications,
Je vous le dis sans feinte ont soutenu ma vie;
Je suis accoutumée à peu d'économie
Et j'ai vu que frappant d'un et d'autre côté,
Je pourrais obtenir...

BALAINVILLE (riant.)
Sans l'avoir mérité?

MADAME RIVAS (riant aussi.)

Oui... des fonds suffisants... seulement je m'arrange
Pour que celui qui donne, ignore que je mange
A tous ces râteliers où d'autres, comme moi ,
Vont gruger les deniers du public et du roi.

BALAINVILLE.
Si je vous trahissais ?

MADAME RIVAS.
Je vois à votre mine
Que vous seconderiez plutôt...

BALAINVILLE.
Moi je devine
Que vous ne seriez pas ingrate.

MADAME RIVAS (l'attirant encor, bas.)
Vraiment non.
Je postule aujourd'hui sous l'abri d'un faux nom ,

Car nous avons des noms pour toutes les affaires,
Pour tous les protecteurs, pour tous les ministères...

BALAINVILLE.

(à part.)

C'est très-bien vu... ma foi, cette commère là
Si je l'aide, peut-être un jour me le rendra.
(à madame Rivas, bas.)
Vous disiez ?...

MADAME RIVAS.

Qu'avec vous je me sens à mon aise.

BALAINVILLE.

Vous me faites honneur...

MADAME RIVAS.

Et loin que je me taise,
Sachez donc que votre air me donne le désir
De babiller encor.

BALAINVILLE.

C'est me faire plaisir.

MADAME RIVAS.

J'ai vu l'intérieur, le commerce, les cultes ;
Je brave les refus, les dédains, les insultes...

BALAINVILLE.

Quel aveu !

MADAME RIVAS.

J'en fais gloire !

BALAINVILLE (à part.)

Elle est forte ?

MADAME RIVAS.

Mon cher ,
Qui souffre tout , a tout ! ce calcul est-il clair ?

BALAINVILLE.

Il m'éblouit !

MADAME RIVAS.

Je viens... c'est dans la loterie...
Demander un bureau...

BALAINVILLE.

Mais quelle garantie ?

MADAME RIVAS.

La vôtre ! un coup d'épaule et je vas arriver.

BALAINVILLE.

J'ai bien quelque crédit et pour vous le prouver...

MADAME RIVAS.

L'huissier revient...

(Après ce colloque et quand l'huissier reparaît, tous
les solliciteurs se pressent au-devant de lui.)

SCENE X.

LES MÊMES, L'HUISSIER.

L'HUISSIER.

Vers vous le ministre m'envoie ,
Prêt à vous recevoir il était dans la joie,
Mais...

MADAME RIVAS.

Il ne reçoit pas?

L'HUISSIER.

Un travail urgent...

MADAME DUCHEMIN.

Dieu!
De nos ennuis cruels peut-on se faire un jeu?

L'HUISSIER.

Il vous verra demain.

MADAME RIVAS.

Demain ?

L'HUISSIER.

A la même heure.

MADAME GIRARD.

Dix fois déjà !

MADAME DUCHEMIN.

De faim faudra-t-il que je meure ?

L'HUISSIER (à Balainville.)

Vous, monsieur, demeurez...

MADAME RIVAS (à l'Huissier.)

Portez à Monseigneur
Ce mot d'un pair de France, un ancien sénateur,
Il saura ce que c'est...

BALAINVILLE (aux trois dames.)

(Voyant que l'Huissier rejette leurs notes.)
Je puis prendre vos pièces,
Des chefs et des commis je verrai les maîtresses,
J'aurai pour vous la place et nous partagerons.

MADAME DUCHEMIN.

A tout ce qu'on voudra nous nous résignerons.

BALAINVILLE.

Donnez... (Il prend les papiers.)
          (à part.)
          Je m'enrichis de toutes les manières,
Et les petits ruisseaux font les grandes rivières.
En spéculation tout doit être permis.
Je pense sur ce point comme un de mes amis,
Qui gagne les trésors qu'à nos yeux il étale
A prêter son argent aux dames de la Halle.
Sa banque est une échoppe et ses gages des fleurs
Que souvent l'emprunteuse arrose de ses pleurs.
Il ne s'arrête pas à toutes ces misères;
Si l'on y regardait on ferait peu d'affaires.
Coiffeur et boulanger, roulier, marchand de bœufs;
Tout homme est bon s'il paie en écus vieux ou neufs; '
Tout homme est bon s'il a des maisons ou des terres
Sur lesquelles on met la griffe des notaires.
Et, le principe admis, qu'on n'examine plus,
C'est : pour un de sauvé, cinquante de perdus !
(haut.)
Il faut vous en fier, madame, à Balainville.

MADAME RIVAS.

Balainville !... est-ce vous?

BALAINVILLE.

Spéculateur habile !

MADAME RIVAS.

Votre nom jusqu'à moi, monsieur, est parvenu ;
Je vois beaucoup de gens dont vous êtes connu,
Une jeune personne entr'autres, qu'on prépare
A certains nœuds dorés...

L'HUISSIER (lui indiquant la porte)

Assez...

MADAME RIVAS (restant malgré l'Huissier.)

(à Balainville.)
Chose bizarre !

L'HUISSIER (à Balainville, bas.)

Je veux vous dire un mot...

BALAINVILLE (se tournant vers madame Rivas.)

Et moi je veux savoir...

MADAME RIVAS.

Oh ! c'est toute une histoire... il faut me venir voir ;
Je réunis chez moi la bonne compagnie.

L'HUISSIER (la poussant dehors.)

Partons, partons...

MADAME RIVAS (à Balainville.)

La nuit, on y fait la partie ;
En sortant du spectacle on y vient sans façon
Et je vais vous donner mon adresse au crayon.

(Elle tire un carnet de son sein et lui donne
son adresse.)

N'avez-vous pas un fils ?

BALAINVILLE.

Jule...

MADAME RIVAS.

C'est cela même.
On vous trompe tous deux...

L'HUISSIER (la presse de s'en aller.)

Son audace est extrême.

MADAME RIVAS (à Balainville.)

On vous trompe... chez moi, ce soir il faut venir
Et vous n'aurez pas lieu de vous en repentir.

(l'Huissier parvient enfin à mettre hors du salon madame
Rivas et tous les Solliciteurs.)

SCENE XI.

BALAINVILLE, L'HUISSIER.

BALAINVILLE (suivant des yeux madame Rivas.)

J'irai, n'en doutez pas... à toutes les époques
On a mis en avant ces beautés équivoques.
Au temps du Directoire, aux jours du Consulat,
Ce fut elles qu'on vit jeter le plus d'éclat.
L'empire leur a dû, peut-être, ses grands hommes,
Et pour ne rien céler, au temps même où nous sommes
Combien il se conclut de marchés, dans Paris,
Par ces femmes de bien qui n'ont pas de maris.
J'irai !... que me veut-elle ? et quel est ce mystère ?
Qui me trompe ?...

L'HUISSIER (ayant fermé les portes, revient à Balainville
et lui dit à demi-voix.)

Le roi, change son ministère !

BALAINVILLE.

Changer le ministère ? et les fonds ! quel danger !

L'HUISSIER.

Nos collègues s'en vont.

BALAINVILLE.

Que dira l'étranger ?

L'HUISSIER.

Nous restons; nous allons avoir la présidence !

BALAINVILLE.

Mais ce coup va brouiller l'Europe avec la France...
Et ma femme qui tarde!... et moi, mes capitaux !...

L'HUISSIER.

Peut-être que c'est là le moindre de vos maux.

BALAINVILLE.

De mes maux ?

L'HUISSIER.

En passant chez notre secrétaire,
Là, dans le cabinet, j'ai reconnu le frère...

BALAINVILLE.

Et le frère de qui ?

16

L'HUISSIER.

de vous.

BALAINVILLE.

Mon frère ?

L'HUISSIER.

Lui !...
Ce n'est pas tout encor et je crois qu'aujourd'hui
Il faut vous tenir bien pour affronter l'orage.
Un homme... un homme affreux...

BALAINVILLE.

N'en dis pas davantage.

L'HUISSIER.

Vous le reconnaissez ?

BALAINVILLE.

Oui...

L'HUISSIER.

Sitôt qu'il a su...

BALAINVILLE.

Qu'a-t-il su ? qu'as-tu dit ? parle, qui l'a reçu ?
Parle...

L'HUISSIER.

(à part.)

Eh ! bien donc... mais Dieu ! quel image soudaine !
Vauléon ?... je frissonne et me soutiens à peine.

(Vauléon entr'ouvre la porte et pendant la scène
qui va suivre il s'avance, se retire et, personnage
muet, il n'est aperçu que de l'Huissier.)

SCENE XII.

LES MÊMES, VAULÉON.

BALAINVILLE.

Achève...

L'HUISSIER (haussant la voix.)

Tout s'arrange et pour vous tout va bien.

BALAINVILLE.

Tu savais cependant...

L'HUISSIER.

Moi ? non , je ne sais rien ;

Ma langue tout-à-coup tombe en paralysie.

BALAINVILLE.

Quelle étrange conduite et quelle fantaisie?

L'HUISSIER. (baissant la voix.)

Mettez-vous bien en garde.... évitez les joueurs...
Fuyez vos ennemis.... craignez les électeurs...
(haussant la voix.)
Non , non , ne craignez rien.

BALAINVILLE.

Ce garçon perd la tête.

L'HUISSIER.

(Haut.)   (à demi-voix.)
Oui, oui... vous avancez au bruit de la tempête,
(bas.)
Mais sachez que les bords sont semés de rescifs,
Et qu'au milieu des flots les requins sont actifs ;
(Haut et tournant sur lui-même pendant que Vauléon , qui est
entré à droite et disparait à gauche , traverse l'arrière-scène.)
Suivez des yeux le phare et nagez vers la terre.

BALAINVILLE (à part).

L'extravagant !

L'HUISSIER

(à part).   (haut courant au-devant de Mᵐᵉ Balainv.

J'étouffe !... Ah ! Madame..

BALAINVILLE (courant au-devant de sa femme).

Ah ! ma chère...

SCENE XIII.

BALAINVILLE , Mad. BALAINVILLE, L'HUISSIER.

MADAME BALAINVILLE (à son mari, bas et précipitamment).

Les choses n'en sont pas où vous imaginez ;
Votre frère accomplit sa promesse; tenez,
Ce matin la gazette à tout Paris raconte
Ce que nos ennemis vont nommer notre honte ;
Lisez. (elle lui donne un journal.)

BALAINVILLE (jetant les yeux sur la feuille).

Ah! quel abus de la publicité :
Un entretien secret mot à mot rapporté ,
La dispute , l'échange et la vérité nue ?

MADAME BALAINVILLE.

Le barbare écrivain sur la place nous tue.

C'est-là ce que nous vaut la révolution ;
C'est-là que nous conduit cette combustion
Des rangs, des intérêts, de toutes les doctrines ;
Toutes les plumes sont des armes assassines,
Il faut qu'un bon procès....

BALAINVILLE.

                    Quel en serait le fruit ?
A quoi nous mènerait de faire tant de bruit ?
Voulez-vous attiser le feu des épigrammes,
Et fournir des sujets à nos faiseurs de drames ?
Voulez-vous imiter cet insensé plaideur
Qui reçoit du jury vingt francs pour son honneur ?
Ignorez-vous quel est le crédit de la presse ?
Ignorez-vous comment au palais on se presse
Quand un sot diffamé, flanqué d'un avocat,
Au sein du tribunal vient faire le pied-plat,
Aux lazzis du prétoire expose sa famille,
Et va prêter le flanc à l'arrêt qui l'étrille.
C'est le plaignant qu'on brosse à lui rougir la peau :
Sur les yeux la justice a toujours un bandeau.
C'est la haine qui plaide et sa critique amuse ;
L'écrivain, dans sa verve, a trouvé son excuse,
Et ceux qui contre lui gagnent avec dépens
Tombent sous le *tutti* d'un concert de serpents.

MADAME BALAINVILLE.

Faut-il qu'un journaliste exerce un tel empire
Et se pavane auprès des badauds qu'il déchire ?
Qu'il vive grassement d'un métier aussi bas ;
Que des mépris du monde il ne fasse aucun cas ?
Mais que dis-je ? à bon droit c'est lui qui nous méprise.
Des succès qu'il obtient son esprit s'autorise ;
Pour complices il a ceux qu'il ose braver.

BALAINVILLE.

L'actrice en minaudant assiste à son lever.

MADAME BALAINVILLE.

L'auteur, le lâche auteur, le flatte, le caresse,
Et la messagerie apporte à son adresse
Des truffes, des liqueurs....

BALAINVILLE.

                    Voilà précisément
Comment il faut agir, vous et moi, finement.

MADAME BALAINVILLE.

Ah! si vous n'étiez pas si poltron que vous êtes.

BALAINVILLE.

Heim ?

MADAME BALAINVILLE.

Vous ne feriez pas la mine que vous faites.

BALAINVILLE.

C'est ma femme qui veut que moi, malgré mon bien,
Je prête le collet à quelqu'homme de rien ?
Mais je serais donc fou ! c'est un dogue, il aboie,
Je sais ce qu'il demande et lui jette sa proie.
Il veut de l'or, j'en ai; le grognard prend son os,
Se blottit dans sa niche et me laisse en repos.
Ce sont là mes duels !... Je cours à la Gazette,
Et sur les numéros de la feuille indiscrette....

MADAME BALAINVILLE.

La feuille incendiaire !

BALAINVILLE.

A la bonne heure...

MADAME BALAINVILLE.

Il faut
Que vous coupiez au vif et disiez le vrai mot :
Incendiaire !

BALAINVILLE.

Soit, le nom n'importe guère.
Sur la feuille qui s'est, contre nous, mise en guerre,
Je fais main basse ; ensuite à la poste je cours,
Et je paye et j'arrête et j'amortis toujours
Les traits envenimés d'un frère impitoyable.

MADAME BALAINVILLE.

Par lui de tout Paris je vas être la fable !

BALAINVILLE.

Je n'en ai pas d'abord senti tout le danger...

MADAME BALAINVILLE.

D'Héricourt qui se voit, dans l'article, charger,
Voudrait un démenti dans les feuilles publiques.

BALAINVILLE.

Non pas; un démenti nous vaudrait vingt répliques;

De cette controverse un journal est charmé,
Et plus on le combat et plus il est famé.
On en a vu payer pour avoir des querelles ;
Se prêter sciemment à de fausses nouvelles ,
Dans l'espoir , en frappant au travers des partis,
D'être le lendemain cités et démentis.
Quand la caisse va bien , que l'abonnement donne,
Fermant leur arsenal ils n'attaquent personne ;
Aux généralités ils bornent leurs discours ;
Promènent leurs regards dans le cercle des cours ,
Et font avec les rois de la diplomatie ;
Mais si, par accident, le public les oublie ,
S'ils sentent l'aiguillon de la nécessité,
Tout est bon pour sortir de leur obscurité.
Il n'est point de pouvoir, il n'est point de génie
Qui ne doive tribut à leur acrimonie.
Ils cherchent autour d'eux ce qu'ils peuvent sapper,
Et bien fin est celui qui peut leur échapper.
S'il en est jusqu'à trois qui , pleins de conscience ,
Ecoutent la justice , honorent la science ,
C'est tout le bout du monde, et le reste, j'ai su
Ou qu'il était à vendre ou qu'il était vendu.
La bourse en main je vas prévoir les conséquences,
Expliquer les motifs avec les circonstances.
Vous , pendant ce temps-là...

MADAME BALAINVILLE.

Quoi , seule j'entrerais ?

BALAINVILLE.

Vous savez le détail de tous nos intérêts ,
Et je crois que *sans verd* vous ne serez pas prise ;
Il faut se partager dans les moments de crise.
A vous bien recevoir le ministre est porté,
Vous voyez que je mets le soupçon de côté.
Je n'ai plus les terreurs d'un époux ordinaire.
La recette est à nous , et ce qui reste à faire
Ce n'est à monseigneur qu'un petit compliment ,
Dont vous vous tirerez je crois parfaitement.
On vous fait signe... allez... je viendrai vous reprendre.

MADAME BALAINVILLE.

J'ai , malgré vos raisons, quelque peine à me rendre.

BALAINVILLE.

Allez...

L'HUISSIER.

Madame...

BALAINVILLE.

Allez....

(L'huissier et la dame entrent chez le ministre.
Balainville sort.
Le Secrétaire, Dubourg, Sara, l'Oncle, Jule
entrent.)

SCÈNE XIV.

LE SECRÉTAIRE, L'ONCLE, DUBOURG, SARA, JULE.

LE SECRÉTAIRE.

(Il entre le premier, une pétition
à la main, et regarde Balainville
et sa femme qui ne le voient pas)

L'un entre et l'autre sort ;

(à l'oncle et à Dubourg qu'il amène.)

Quant à vous, il est temps de vous mettre d'accord.

L'ONCLE (au Secrétaire).

Nous l'étions quand j'ai mis en vos mains la requête,

(à Dubourg.)

Et qui vous passe donc à présent par la tête ?

JULE (au même).

Tout semblait convenu, puisqu'au lieu de mon nom
Vous aviez consenti qu'on mit le vôtre...

DUBOURG.

Non

Cela ne sera point ; est-il indispensable
Que le vieux praticien se transforme en comptable ?
C'est une mascarade où je ne peux plier.
Le palais est malin et l'on va publier
Que moi qui, dans Juillet, rendis quelques services,
Je fais au poids de l'or payer mes sacrifices.
Tant d'autres ont déjà cet exemple donné,
Au vent de la faveur, tant d'autres ont tourné ;
Tant d'autres ont fait voir que leur patriotisme
N'était qu'hypocrisie et que charlatanisme !
Je ne voudrais pas suivre un chemin si battu ;
Je ne voudrais pas être à ce point méconnu,
Et perdre tout le fruit d'un zèle et d'un courage
Qui seront, après moi, ton plus bel héritage.
Je ne puis... (prenant la main de sa fille.)

LE SECRÉTAIRE (à l'oncle).

Que disais-je ?

L'ONCLE (à part).

En voilà deux pour un.
Ils se piquent pourtant d'avoir le sens commun.
(à Dubourg.)
C'est une fiction qui n'a rien que d'honnête,
Puisque, par ce moyen, tout-à-coup, on arrête
Un accomplissement de scandaleux desseins
Qui nous menacent tous. Le brevet en vos mains
Est une arme puissante et dont il faut qu'on use,
C'est une guerre ouverte et ruse contre ruse.

DUBOURG.

Je veux bien réussir mais par d'autres façons,
Et ne pas imiter ceux que nous condamnons.

L'ONCLE.

Le ministre est pour nous.

LE SECRÉTAIRE.

Il faut qu'on se décide,
Madame Balainville est là...

SARA.

Simple et timide
Puis-je mêler ma voix?...

L'ONCLE.

Eh ! sans doute, parlez,
C'est de vous qu'on s'occupe.

SARA.

Eh ! bien , si vous voulez,
Ce bel emploi qui fait l'objet de la querelle ,
Que sa mère l'obtienne et le garde pour elle ;
Qu'il ne soit ni pour vous, ni pour lui, ni pour moi.
Jule, n'est-il pas vrai, me gardera sa foi ;
C'est tout ce que je veux, et non pas sa fortune.
La peine qu'elle cause est vraiment importune.
Nous vivrons tous les trois dans un réduit obscur,
Le bonheur y sera plus entier et plus pur.

L'ONCLE.

Tout ce discret langage est d'une jeune fille ;
Vous devez raisonner en mère de famille.
Si vous ne l'êtes pas, vous le serez du moins,
Et mon neveu, je pense, y mettra tous ses soins.
Songez, dès à présent, aux charges du ménage.

Vous verrez, c'est un gouffre ! et donc je vous engage
A rentrer dans le cercle où je vous avais mis.
Reprenez le sentier d'où vous êtes sortis.
Placez votre paraphe au bas de cette lettre,
Signez, c'est un exploit que monsieur va remettre
Sous les yeux du ministre, à l'instant, sans retard ;
A l'instant même aussi qu'il y jette un regard,
Je suis sûr que l'effet est prompt comme la foudre
Et que nos intrigants vont être mis en poudre ;
Signez.

JULE (à Dubourg.)

Signez de grâce.

DUBOURG (prenant la plume)

On le veut.

SARA.

Il le faut.

DUBOURG.

Cet emploi ne sera dans mes mains qu'un dépôt
Et je le remettrai...

L'ONCLE.

Que de cérémonie,
Le scrupule chez vous devient monomanie.
(allant vers la table.)   (au secrétaire.)
Le papier... l'écritoire... et vous, servez-nous bien.
(Ils signent tour à tour.)
Vous, vous, toi, moi... prenez car il n'y manque rien.

LE SECRÉTAIRE (prenant la pétition quand elle est signée
et prêtant l'oreille.)

C'est une voiture...

JULE (regardant par la fenêtre.)

Oui... c'est celle de mon père...

L'ONCLE.

Il revient promptement au secours de ta mère.

JULE.

Robert est avec lui...

L'ONCLE (au Secrétaire.)

Déjouez leurs projets.

LE SECRÉTAIRE.

Le ministre lira ; je réponds du succès...
(Il entre chez le ministre, les autres sortent par
le cabinet du Secrétaire.)

17

SCENE XV.

L'HUISSIER, BALAINVILLE, ROBERT.

L'HUISSIER.

Vous avez fait, monsieur, une course rapide.

BALAINVILLE (à Robert.)

O nouvel embarras! ô tourment homicide !
Tu dis que Vauléon ?...

ROBERT (à Balainville.)

          Vous rappelle à l'hôtel
Au sujet d'un scrutin qu'il nomme partiel.
Je puis bien m'embrouiller et me tromper de terme,
Dans un nuage épais cet homme-là s'enferme,
Et quand on le pénètre on ne voit rien de bon.

BALAINVILLE.

Plus bas, ignores-tu, sot, que dans ce salon
Le mal comme le bien demande du mystère.

ROBERT (à part.)

Et c'est la vérité surtout qu'il y faut taire ! .
Les grands n'y daignent pas demander notre avis,
Ils feraient pourtant bien d'écouter les petits.

BALAINVILLE.

Qu'est-ce ?... dans mon oreille explique-toi sans crainte;
Dis-moi tout.

        ROBERT.

    Vous voulez?

       BALAINVILLE.

           Que tu parles sans feinte.

       ROBERT.

Et que je dise tout ce qui m'est revenu ?

       BALAINVILLE.

Tout.

       ROBERT.

    Vous vous fâcherez.

       BALAINVILLE.

          Mais non, c'est convenu.
Qu'as-tu peur ?...

ROBERT.

Sachez donc que par toute la ville
On s'informe beaucoup de monsieur Balainville.
Qu'a-t-il dit? qu'a-t-il fait,

BALAINVILLE.

Moi?

ROBERT.

Du matin au soir,
C'est ce qu'on me demande et ce qu'on veut savoir.
Les jaloux ameutés cherchent, dans votre vie,
Tout ce qui peut vous nuire et consoler l'envie;
Ils grossissent les torts que vous pouvez avoir
Et leur malice fait que le blanc devient noir.

BALAINVILLE.

Quels torts, quelle malice? il est bon que je sache
Comment à tous nos pas la critique s'attache.

ROBERT.

On dit que la rupture avec un vieil ami,
Est un fort mauvais tour et qui sera puni.

BALAINVILLE.

On dit cela?... poursuis avec toute licence,
Poursuis de tes *on-dit* l'étrange impertinence.

ROBERT.

On dit que vous serez dans votre légion
Cassé...

BALAINVILLE.

Cassé, Robert?

ROBERT.

Pour certaine action....

BALAINVILLE.

Quelle action?

ROBERT.

J'ignore...

BALAINVILLE.

Et cependant...

ROBERT.

On cause,
Mais on me cache à moi la moitié de la chose.

BALAINVILLE (à part.)

Ah! le gueux!

ROBERT.

Pour l'argent vous avez trop d'amour...
Ce n'est pas moi qui parle... et madame à son tour,
Sur la sellette est mise...

BALAINVILLE.

Elle ?

ROBERT.

Comme on l'habille!.

BALAINVILLE.

Venir me relancer jusque dans ma famille !
Il n'est plus maintenant, rien, plus rien de sacré.
Par la langue ou la plume on se voit massacré,
Dans ces lâches propos ma femme est confondue?
Un ange !

ROBERT.

Acheverai-je ?

BALAINVILLE.

Eh! certes, continue.

ROBERT.

On signale, entre vingt, l'homme aux habits brodés.
Les fréquents rendez-vous qui se sont succédés
Trouvent, dans le public, de fâcheux interprètes,
On dit que vous avez deux fois payé ses dettes.

BALAINVILLE.

Moi ? c'est pour Vauléon que j'ai payé dix fois.

ROBERT.

Oh! c'est du d'Héricourt qu'on veut parler, je crois.

BALAINVILLE.

De tes renseignements il faut qu'on se défie:
Je suis peu rassuré par l'air de bonhommie
Que tu mets aux récits dont tu viens m'étourdir.

ROBERT.

La colère vous gagne; il valait mieux mentir.

BALAINVILLE.

Ce sont inventions de ta verve caustique,
Tu ne seras jamais qu'un méchant domestique,
Contempteur de ton maître et te faisant un jeu
De souffler la discorde...

ROBERT.

Ah ! voyez donc un peu...

BALAINVILLE.

Va-t-en...

ROBERT.

C'est vous...

BALAINVILLE.

Va-t-en et dans ma galerie
Que tout soit apprêté pour la cérémonie...

ROBERT.

Le mariage !

BALAINVILLE.

Non, ce sont les électeurs.

ROBERT.

Quoi... malgré ?...

BALAINVILLE.

Fais asseoir un moment ces messieurs.
Va-t-en...   (Robert sort.)

SCÈNE XVI.

BALAINVILLE seul.

Ce qu'il m'apprend, en secret me dévore...
Peut-être Vauléon me trompe-t-il encore...
Après ce qu'il m'a fait ai-je dû l'employer ?...
Dans ma position puis-je le renvoyer ?...
A-t-il déjà connu l'effet des circulaires ?
A-t-il eu le rapport de tous nos émissaires ?
Exprès il ne dit rien pour mieux river mes fers.
Cet homme pour ma perte est sorti des enfers
Et quant à d'Héricourt il serait, à l'entendre,
Au moindre de mes vœux toujours prêt à se rendre ;
Mais au fond que fait-il, que doit-il arriver ?
Mes avances, mes frais, dois-je les retrouver ?
Les noirs pressentiments de mon âme s'emparent.

Balainville, retiens tes esprits qui s'égarent,
Songe qu'en ce débat ta femme est de moitié ;
N'agis pas de manière à lui faire pitié.
A-t-elle plus que toi d'adresse et de courage ?
Voudrais-tu lui donner sur toi cet avantage ?
Si d'un pied tu fléchis elle te raillera
Et, de toi, la première elle se vengera.
O qu'une femme est lourde en des peines si rudes !
Que l'intime témoin de ces inquiétudes
Est gênant ! et surtout quand cette femme a pris
Le parti de traiter du haut de son mépris
Ceux en qui le succès n'a pas payé l'audace !
Un coup d'œil de la mienne et me trouble et me glace.
Que lui dois-je pourtant, que m'a-t-elle apporté ?
Rien, que son train, son luxe et que sa vanité.
O que j'aurais mieux fait, aux prémices de l'âge,
De rester enfoncé dans mon humble village,
D'exploiter la fabrique où mon père était né,
De conduire sans faste un commerce borné
Et d'épouser alors une bonne héritière
Qui ne m'eut pas voulu mener à la lisière ;
Qui m'eut permis de paître à mon gré sur le sol,
Ou du moins sous des fleurs eut caché le licol.
Tais-toi, voilà ton maître...

SCENE XVII.

BALAINVILLE, Mme BALAINVILLE, LE SECRÉTAIRE.

MADAME BALAINVILLE (sortant de chez le ministre avec
le Secrétaire.)

> Oui, monsieur, oui...

LE SECRÉTAIRE.

>   • Madame.

MADAME BALAINVILLE.

C'est vous seul...

BALAINVILLE.

> Qu'a-t-il fait ?

MADAME BALAINVILLE.

> Quel trouble dans mon âme!

(A Balainville.)
Mais, vous aussi, pourquoi n'êtes-vous pas venu ?
Vous vous seriez ici mieux que moi débattu.
Tout allait bien d'abord et l'honnête excellence

Par des propos fleuris commençait la séance ;
Monseigneur est poli , monseigneur est charmant,
Il a le verbe d'or et le geste élégant ;
C'est un homme d'état de la nouvelle école
Qui passe tour à tour du sévère au frivole
Et de sa blanche main caressant ses cheveux
Joue avec son lorgnon et vous fait les doux yeux.

BALAINVILLE.

Le portrait est flatteur.

MADAME BALAINVILLE.

                        Je le prends sur nature
Et s'il faut dire à qui ressemble sa figure ,
C'est à l'Antinoüs ; mais il n'est ni d'airain
Ni de marbre. En entrant, il m'avait pris la main
Et me tirant à part, près de la cheminée ,
Avec beaucoup de grâce il m'avait amenée.

BALAINVILLE.

Et puis?...

MADAME BALAINVILLE.

      Voilà le type et voici le revers :
Cet homme n'est qu'un masque et malgré ses grands airs,
Soulevez le manteau , ce n'est qu'un pauvre sire,
Que monsieur , sous ses doigts, fait fondre comme cire.

BALAINVILLE.

Qu'entends-je?

LE SECRÉTAIRE.

      Le dépit....

BALAINVILLE (à sa femme.)

      Instruisez-moi...

MADAME BALAINVILLE.

                        J'étais
Sur le point d'emporter l'objet de nos souhaits ;
Le ministre , au brevet, sans en prendre lecture
Allait, plein de bonté, mettre sa signature :
« Arrêtez, (dit monsieur , entre nous se plaçant) ,
» Le brevet est le même et le nom différent ;
» Parcourez cette lettre...» Aussitôt le ministre
Parcourt l'écrit ; soudain il prend un air sinistre ;
M'interroge avec feu sur nos projets passés,
Sur nos desseins présents mais par lui renversés,

Car, sans laisser répondre, il me ferme la bouche
Et lançant les éclairs de son regard farouche
Il veut fuir, je l'arrête, et je l'arrête en vain ;
Monsieur, sur vous, sur moi distille son venin
Et ce n'est qu'un tissu de plates infamies
Et ce n'est qu'un torrent de basses calomnies.

LE SECRÉTAIRE.

Vous n'acheverez pas du moins devant mes yeux...

MADAME BALAINVILLE.

Oui, rentrons à l'hôtel, je m'expliquerai mieux.
Qu'il vous suffise ici de savoir, Balainville,
Que Dubourg, l'avocat.. je vous le donne en mille...
On lui cède la place...

BALAINVILLE.

A lui ?

MADAME BALAINVILLE.

Précisément.

BALAINVILLE (au Secrétaire.)

Et c'est vous ?

MADAME BALAINVILLE.

C'est le traître ?

LE SECRÉTAIRE.

A cet emportement
Mettez un terme...

BALAINVILLE.

O sort ! ce sont là tes caprices !
Dix lettres vous offraient le quart des bénéfices.

LE SECRÉTAIRE.

Et c'est là justement ce qui vous a perdu !
Avec des malheureux vous m'avez confondu.
Vous autres, abrutis par vos désirs cupides,
Vous traitez tous de niais ceux qui vont les mains vides,
Quoiqu'ils marchent le front élevé, radieux
Et vous rangeant du pied, quand vous venez contr'eux.
Vous n'avez pas l'oreille ouverte à leur franchise ;
Vous portez sur l'habit cette noble devise :
Patrie-honneur! ces mots tracés par l'empereur

Mais qui n'ont pas été gravés dans votre cœur;
Vous vivez au milieu de sales coteries
Et vous n'y rencontrez que des âmes flétries;
Vous êtes à la bourse environné de gens,
Prêts à dévaliser les joueurs ignorants;
Plutôt que d'imiter ces banques généreuses
Qui ne se livrent pas à des chances douteuses;
Ces banques qui des mers conjurant les hasards
Aident l'agriculture et fécondent les arts;
Ces banques, de l'état appuis sûrs et fidèles
Qui voient tout se former et grandir autour d'elles;
Plutôt que de les suivre en leurs nobles desseins
Vous prenez par l'égout des ténébreux chemins.
C'est pour vous que l'argent, devenu marchandise,
Tend à dégrader ceux que le sort favorise;
Vous aimez le trafic où l'on met de côté
Un reste de pudeur... vous vous êtes vanté
D'avoir dans nos bureaux plus d'une créature;
Mon nom vous échappait et c'était une injure;
J'ai dû vous en punir; retenez la leçon!...

(Il rentre dans son cabinet.)

SCÈNE XVIII.

BALAINVILLE, MADAME BALAINVILLE.

MADAME BALAINVILLE.

Vous ne répondez-pas...

BALAINVILLE.

C'est qu'il le prend d'un ton...

MADAME BALAINVILLE.

O non! vous n'avez pas trop de sang dans les veines!

BALAINVILLE.

C'est qu'avec ces gens là les paroles sont vaines;
Et, tout bien calculé, puisque c'est l'avocat,
Il se pourrait enfin que Jule profitât...

MADAME BALAINVILLE.

Que Jule profitât?...

BALAINVILLE.

Tout n'est qu'incertitude!
Sais-je où marquer le but de ma sollicitude?

Quand l'horizon menace, un habile nocher
Prend des ris, jette l'ancre, évite le rocher...

MADAME BALAINVILLE.

Mais...

BALAINVILLE.

Mais à rien encor mon esprit ne s'attache.
Je ne vous ai pas dit que d'Héricourt se cache;
Que je ne l'ai trouvé ni chez lui, ni chez moi;
Qu'on m'a dit qu'il s'apprête à nous manquer de foi;
Que peut-être sa dame est une aventurière...
Ah! venez... avisons à sortir de fourrière!

(Il entraîne sa femme.)

FIN DU IVᵉ ACTE.

~~~~~~

TROISIÈME JOURNÉE.

———◦◦◦———

ACTE CINQUIÈME.

Le théâtre représente une grande galerie chez Balainville.

———◦◦◦———

SCENE Iʳᵉ.

JULE seul.

Robert ne revient pas; aura-t-il bien remis
Mes deux petits billets, d'un même style écrits?
C'était le seul moyen de finir nos affaires.
Vauléon, d'Héricourt ont été militaires
Et, poussés de la sorte, ils ne remettront pas
A me rendre raison... s'ils reculaient d'un pas
Je les retrouverais au théâtre, à la bourse,
Et les forcerais bien... te voilà...

SCENE II.

JULE, ROBERT.

ROBERT.

    Quelle course!

JULE.

As-tu remis?...

ROBERT.

  Monsieur, un moment, permettez,
Je n'en puis plus...

JULE.

  J'ai hâte...

ROBERT.

    Ah! plus vous me hâtez
Moins je répondrai vite, et malgré tout mon zèle
Encor faut-il... que sert de se montrer fidèle?

JULE.

Vauléon ?...

ROBERT.

Pour le joindre il m'a fallu frapper
A vingt portes ; il va tour à tour occuper
Hôtels petits et grands et, pour cause, il n'y laisse
Aucun renseignement sur sa nouvelle adresse.
C'est donc par un miracle et par un coup du sort
Que j'ai pu le saisir au passage. D'abord,
En lisant votre lettre, il a fait la grimace ;
Je voyais qu'il n'osait me regarder en face,
Mais, cependant, après avoir un peu songé
Il m'a dit, d'un ton leste et d'un air dégagé :
« C'est un cartel en règle... Il faudra qu'on s'y rende...
» Ton maître est patient... dis-lui donc qu'il m'attende...»

JULE.

Le plaisant !... rira bien qui rira le dernier.
D'Héricourt?...

ROBERT.

Il était au haut de l'escalier
Qui, dans le pavillon, sur le Carrousel, donne ;
Reconduisant des yeux une gente personne,
Il lui faisait un signe, une sorte d'adieu,
Revenant à ces mots : «vous reviendrez dans peu...»
Son front tout rayonnant d'amour et de tendresse,
S'est froncé tout-à-coup en voyant la rudesse
Avec laquelle était votre écrit libellé.
Puis il m'a, par mon nom, deux fois interpellé
Y voulant ajouter certaines épithètes
Qui, pour valets de cour apparemment sont faites,
Mais qu'on ne laisse plus, à la ville, achever,
Et que j'ai cru devoir fortement relever.
Après ce démêlé, qui tenait à ma gloire,
Nous en sommes venus, monsieur, à votre histoire.

JULE.

Abrège.

ROBERT.

Pour tout dire un seul mot suffira :
Le second adversaire au rendez-vous sera.

JULE.

Dans le bois de Boulogne?

ROBERT.

Et près de Bagatelle

Où vous pourrez vider votre double querelle.
Vous n'irez pas seul?

JULE.

Non.

ROBERT.

Quel est votre témoin?

JULE.

Puisque tu me suivras je n'en ai pas besoin.

ROBERT.

Je suis touché, monsieur, de cette préférence.
J'ai porté vos billets sans nulle remontrance ;
Vous étiez si pressé qu'à peine ai-je eu le temps
De vous dire...

JULE.

Eh! bien, quoi?... des soins plus importants
M'appellent...

ROBERT.

Songez-y... votre futur beau-père
Prendra-t-il vos duels comme il le devrait faire?
Moraliste...

JULE.

Où les lois ne se peuvent porter
L'honneur parle et c'est lui qu'il nous faut écouter.
Ces hommes envers moi ne sont-ils pas coupables?

ROBERT.

S'ils le sont!

JULE.

Et par qui, de ces deux misérables,
Me ferais-tu venger?

ROBERT.

Par le juge-de-paix!

JULE.

C'est moi qui suis le juge!

ROBERT.

En ce cas, tuez-les;
Mais tuez-les tous deux, car si, par aventure,
C'était vous que frappait la mortelle blessure...

JULE.

Tu voudrais avec moi tomber?...

ROBERT.

Je ferais mieux
Et je m'exilerais à jamais de ces lieux.
Si je vous perds, je fuis.

JULE

Va, Robert, rien n'exige
Qu'à ces extrémités on pousse ; rien n'oblige
A répandre le sang de ces messieurs, ou bien
A les forcer aussi de répandre le mien.
Cette rencontre aura des suites moins fâcheuses.
Agents provocateurs de scènes ténébreuses,
Ils ont de mes parents obscurci la raison ;
Qu'ils cessent désormais de hanter la maison,
Qu'ils jurent, devant toi, de n'y plus reparaitre ;
Qu'ils cèdent, à ce prix je pardonne peut-être.

ROBERT.

Mais s'ils ne cèdent pas ?

JULE.

Tu peux croire qu'alors
Pour m'en débarrasser je ferai mes efforts ?
Viens...

ROBERT (aperçoit madame Balainville.)

Votre mère...

JULE.

Sors !   (Robert sort.)

SCENE III.

JULE, MADAME BALAINVILLE.

MADAME BALAINVILLE.

Tu fuyais ma présence ?
Accorde-moi, de grâce, un moment d'audience,
Jule, écoute une mère ou plutôt une sœur,
Car je change de rôle et m'adresse à ton cœur
Par le commandement moins que par la prière.
Je ne le nierai point, oui, mon fils, je suis fière
D'avoir donné le jour...

JULE.

Je vais vous demander
Une permission qu'il me faut accorder ;
Il faut qu'à l'instant même, absolument, je sorte.

Sur l'amour filial un autre amour l'emporte,
C'est un devoir sacré qu'il faut aller remplir;
L'honneur...

MADAME BALAINVILLE.

L'honneur, mon fils? il est à m'obéir!
Quelle est cette conduite? et faut-il que ta mère
En dépit qu'elle en ait te montre un front sévère?
Pour toi que j'adorais, quels soins n'ai-je pas pris?
Par ton ingratitude en payeras-tu le prix?

JULE.

Je ne suis point ingrat.

MADAME BALAINVILLE.

Si, si!... n'est-ce pas l'être
Que rejeter le choix que je t'ai fait connaître?

JULE.

Mon choix était le vôtre et mon amour, mes vœux
Vous me les inspiriez, quand je formai ces nœuds
Qui ne devaient se rompre, hélas! qu'avec ma vie,
Et que vous ordonnez pourtant que je délie...
Jamais... je vous l'ai dit... tous vos ordres sont vains.
Dans ce moment suprême abjurez vos desseins...
Sara vous est soumise, elle m'est dévouée,
Cette alliance est belle et peut être avouée,
Je ne vous cache rien de l'ardeur que j'y mets.

MADAME BALAINVILLE.

Celle qu'on te propose a-t-elle moins d'attraits!

JULE.

Elle en a moins pour moi, qu'elle en épouse un autre.

MADAME BALAINVILLE.

Ton esprit se rabaisse et diffère du nôtre;
Cette Sara...

JULE.

Ma mère! ah, daignez m'écouter,
Celle que j'idolâtre, il la faut respecter;
Je ne souffrirai pas...

MADAME BALAINVILLE.

Ah! que viens-je d'entendre?
De ta part ce langage a droit de me surprendre :

Tu ne souffriras pas ! c'est Jule, c'est mon fils
Qui m'ose ainsi parler?

JULE.

Dans le trouble où je suis
Je m'emporte plus loin que je ne devrais faire ;
Avec vous, ce ton là ne m'est pas ordinaire
Et vous l'avez bien su, vos désirs sont mes lois...
Mais lorsque de mon cœur vous disposez deux fois ;
Ce qui me fut donné quand on veut le reprendre;
Contre tant de rigueur ne puis-je me défendre?
Faut-il toujours se taire et se laisser ravir
Ce qui seul nous attache et nous peut asservir ?
Vous voulez mon bonheur, faites-le donc, ma mère,
Et ne prenons pas tous une route contraire.
Il en est temps... songez... tous ces biens si vantés
Loin de nous, par le sort, peuvent être emportés.
Une sourde rumeur a frappé mon oreille ,
On dit... on craint...

MADAME BALAINVILLE.

Chassez une image pareille.
Ce sont de faux semblants, ce sont de vains détours
Qui n'excuseront pas vos coupables discours...

JULE.

Madame...

MADAME BALAINVILLE.

Sachez bien qui je suis, qui vous êtes.

JULE.

Vous ! vous ne savez pas le mal que vous me faites !
L'heure fuit... on m'attend... si mon père... sa voix
Retentit... il approche... et je n'ai pas le choix
Des moyens de sortir de ce pas difficile...

MADAME BALAINVILLE.

Qu'as-tu ?

JULE.

Je suis forcé... tout serait inutile...
O ma mère ! envers vous si je fus criminel
Que le sort m'en punisse !...

(Il sort malgré sa mère qui se met audevant de ses pas.)

SCENE IV.

MADAME BALAINVILLE seule.

Il s'en va! juste ciel!
Rien n'a pu l'arrêter... en quel trouble il me laisse ;
Quel sentiment l'inspire et quel motif le presse?..
Qu'aurait-il entendu? quel danger courons-nous?
Mon fils est-il la dupe ou l'écho des jaloux?

SCENE V.

Mme BALAINVILLE , BALAINVILLE , UN NOTAIRE.

BALAINVILLE (au Notaire.)

Là, dans mon cabinet...

(Le Notaire sort.)

SCENE VI.

MADAME BALAINVILLE, BALAINVILLE.

MADAME BALAINVILLE.

Qui donc?

BALAINVILLE (à demi-voix.)

C'est le notaire.
Il vous faut sans remise et sans préliminaire
Signer, de votre main, des procurations,
Comptes, reçus, billets et liquidations...

MADAME BALAINVILLE.

A quel propos?

BALAINVILLE.

La bourse est pour nous effrayante;
Un seul jour, une nuit a déplacé la rente.

MADAME BALAINVILLE.

Dieu!

BALAINVILLE.

Nous tombons à plat.

MADAME BALAINVILLE.

Dieu!

10

BALAINVILLE.

Mes achats divers
Ne me promettent plus que tare et que revers.
Dix lettres que je tiens d'autant d'amis fidèles
M'accablent à la fois des plus tristes nouvelles.
Pour me perdre, l'Europe, en feu, s'est mise exprès;
Je rencontre la guerre où je cherche la paix;
Dans le port? un blocus; sur la mer? des corsaires
Détruisent le commerce et brouillent mes affaires.

MADAME BALAINVILLE.

Il faut partout écrire.

BALAINVILLE.

Et j'ai partout écrit,
Mais trop tard! qui pourra combler le déficit?
La charge sur moi seul n'est pas amoncelée
Et dans ses fondements la place est ébranlée.

MADAME BALAINVILLE.

Hier de vos marchés vos sens étaient ravis.

BALAINVILLE.

Je ne m'étais basé que sur de faux avis.

MADAME BALAINVILLE.

Que sur de faux avis? quels sont les misérables
Qui peuvent, sans frémir, en donner de semblables?
Il n'est point de cachots, sans paille et sans soleil,
Qui soient assez profonds pour un crime pareil!
Écraser de la sorte un homme!

BALAINVILLE.

Peccadille!
Dans l'abîme, à plaisir, plonger une famille;
Se jouer du crédit, compromettre l'état,
C'est un coup de bascule, et tout le résultat
Est d'abaisser les uns et d'élever les autres.

MADAME BALAINVILLE.

Les beaux raisonnements que sont ici les vôtres:
Vous le trouvez fort bien?

BALAINVILLE.

Je le trouve fort mal
Et me sens atterré du coup, mais, au total

Nous ne resterons pas tout-à-fait sans ressource;
Nous aurons de vos pleurs de quoi tarir la source.
J'ai, dans ce portefeuille, une réserve et vous,
N'avez-vous pas aussi votre écrin, vos bijoux?

MADAME BALAINVILLE.

Et voilà donc la fin des vastes entreprises
Sur le sable par nous imprudemment assises?
C'est votre Vauléon...

BALAINVILLE.

C'est votre d'Héricourt.
Mais, encore une fois, pour nous le temps est court,
Il faut nous mettre en règle et sauver du naufrage
Les biens par nous acquis depuis le mariage.
Tous ces biens je les fais passer sur votre nom,
Par acte en bonne forme et de cette façon
Avant qui que ce soit vous serez créancière;
A tout événement vous serez la première
A réclamer; je trouve, à ces arrangements
Le moyen d'être pauvre et riche en même temps.

MADAME BALAINVILLE.

Que devient en ceci l'alliance nouvelle?...

BALAINVILLE.

L'affaire de mon fils?

MADAME BALAINVILLE.

La chose serait belle
De conclure et d'aller malgré les coups du sort
Vers un but qui me tente et qui me séduit fort.

BALAINVILLE.

De noce encor parler quand nous faisons faillite?

MADAME BALAINVILLE.

La noce nous relève et nous réhabilite;
Par l'appui, l'accointance et les relations,
Nous revoyons soudain monter nos actions.

BALAINVILLE.

Mais d'Héricourt piqué nous fuit et nous dédaigne.

MADAME BALAINVILLE.

Laissez, et ce matin pourvu que je l'atteigne

Tout sera renoué, je m'en charge et demain
Nous resserrons des nœuds contrariés en vain.

BALAINVILLE.

Les destins conjurés cessent d'être propices,
Nous avions débuté sous de meilleurs auspices...

MADAME BALAINVILLE.

Arrière la prudence ; au milieu des récifs
Indignes matelots resterons-nous captifs ?
Etes-vous l'homme ou moi ? si nous faisons naufrage
Faudra-t-il que ce soit par manque de courage ?
Non, j'en jure !... à ma voix, marchez, volez, pressez ;
Dubourg nous a bravés une fois, c'est assez...

BALAINVILLE.

La place qu'on lui donne eut chez nous fait merveille.

MADAME BALAINVILLE.

Toujours aux lâchetés vous tendez une oreille !
Qu'il garde son brevet il n'aura pas mon fils.

BALAINVILLE.

Jule, à nos volontés, est loin d'être soumis.

MADAME BALAINVILLE.

Je ne le sais que trop ! voyez-le, que son père
Détende sa raideur, brise son caractère ;
Lui fasse ouvrir les yeux sur ses vrais intérêts
Et de force ou de gré, l'unisse à nos projets.
Qu'il est changé, grand Dieu ; que d'ennuis il nous cause,
Comme en face de nous en rebelle il se pose !
Est-ce là cet enfant qui nous a tant coûté ?
Mais tous deux follement si nous l'avons gâté,
Il faut tout réparer, tout essayer, tout faire.
Je vas dire deux mots en passant au notaire ;
J'irai chez d'Héricourt ensuite ; quant à vous
Faites voir ce que c'est que d'être mon époux.

(Elle sort par le cabinet de Balainville.

SCÈNE VII.

BALAINVILLE seul.

Voilà sur ma parole une maîtresse femme !
Sa fermeté robuste a passé dans mon âme,

En revenant chez moi j'étais fort combattu
Et me sentais déjà l'esprit tout abattu...
De nos femmes sur nous d'où peut naître l'empire...
Et quel est vers Dubourg le penchant qui m'attire ?...
Ce sont des mouvements qu'on ne peut définir...
Mais... j'y pense... à l'hôtel doivent se réunir
Les électeurs chargés de débattre d'avance
Le choix des candidats ; pourrai-je à la séance
Me montrant d'un visage inquiet, agité,
Sonder les éléments d'une majorité
Dont je n'ai plus le droit d'obtenir le suffrage ?
Quelle intrépidité pour un tel personnage !
Mais si je disparais, ne révélé-je pas
L'état de ma fortune et l'affreux embarras
Dans lequel je me trouve ? en ce péril extrême
Je ne puis prendre, hélas ! conseil que de moi-même.
(Apercevant Vauléon.)
Est-ce lui ?... qu'ai-je donc ?... je tremble en le voyant
Et ce conseiller-là je ne l'ai qu'en payant.

SCÈNE VIII.

BALAINVILLE, VAULÉON.

VAULÉON (à part.)

C'est à mes jours qu'en veut son fils, le militaire ;
Plus humain je n'en veux qu'à la bourse du père ;
Tandis que l'un m'attend à la porte Maillot
Avec l'autre essayons de gagner le gros lot.

BALAINVILLE (à part.)

Tout mon sang vers le cœur, dès qu'il entre, se porte ;
Et sans dire pourquoi, mais jusqu'à ce qu'il sorte
Par l'instinct machinal d'un danger que je cours
J'éprouve le besoin d'appeler du secours.

VAULÉON (haut.)

Je ne vous dis qu'un mot, c'est à vous de m'entendre,
Pour Bruxelles je pars et chez vous je viens prendre
De l'argent.

BALAINVILLE.

Vous partez ? où sont nos électeurs ?

VAULÉON.

Ils sont là... quant à moi le sort m'appelle ailleurs.

Je vous le dis je pars en poste pour Bruxelles,
C'est le Botany-bay de nos anges rebelles,
Des débiteurs à sec et des contrefacteurs,
Des écrivains hargneux et des conspirateurs,
L'asile enfin de ceux dont la mère-patrie
Ne veut plus tolérer l'adresse et l'industrie :
A ce titre je dois y fixer mon séjour.

BALAINVILLE (à part).

L'effronté !

VAULÉON.

Je m'exile et je viens sans détour,
Sans bruit et sans façon, pour solder notre compte.
Il me faut de l'argent.

BALAINVILLE.

N'avez-vous pas de honte ?

VAULÉON.

La honte est pour le sot... de l'argent ! dépêchons.

BALAINVILLE.

Eh ! ne savez-vous pas que la baisse des fonds
M'en ôte les moyens ?

VAULÉON.

Je sais ce que la baisse
Pourrait avoir laissé de vide en votre caisse,
Mais je vous connais bien et je me trompe fort
Si vous ne corrigez les caprices du sort.

BALAINVILLE.

Ainsi vous penseriez ?

VAULÉON.

Je pense que le code
Offre des faux-fuyants la ressource commode,
Je m'en rapporte à vous, pirate diligent,
Et je vous le répète : il me faut de l'argent.

BALAINVILLE.

Et si je n'en ai pas ?

VAULÉON.

Vous en avez encore,
C'est vous qui l'amassez et moi qui le dévore.
(A part.)
Il voudrait m'échapper par ses retardements
Mais je le forcerai dans ses retranchements.

BALAINVILLE (à part).

Il fait depuis quinze ans le tourment de ma vie !

VAULÉON.

Notre complicité vous garotte et nous lie.

BALAINVILLE.

Je couperai ce nœud.

VAULÉON.

N'allez pas le risquer !
De près comme de loin vous êtes mon banquier.
Je sens, de plus en plus, qu'à vous je me cramponne
Et ce n'est en deux corps que la même personne.

BALAINVILLE.

Sors d'ici, Vauléon, où je vas appeler.

VAULÉON.

De l'argent!

BALAINVILLE.

Je ne puis.

VAULÉON.

Faut-il tout dévoiler ?

BALAINVILLE.

Dévoile tout...

VAULÉON.

Sais-tu quelle est la conséquence
D'une obstination... tu vas rester en France,
Moi je pars...

BALAINVILLE.

Pars!...

VAULÉON.

Son cœur est de boue et de fer...
(Il court vers la porte.)
Entrez tous...

BALAINVILLE.

Vauléon...

VAULÉON.

Bois un calice amer !

(Il court ouvrir la porte de la galerie.)

BALAINVILLE.

Les électeurs !... chez moi !... cher Vauléon, arrête !

VAULÉON.

Il n'est plus temps, je frappe et tu courbes la tête.

SCENE IX.

LES MÊMES, LES ÉLECTEURS.

VAULÉON (aux électeurs qui se rangent à droite et à gauche.)

Electeurs!... nous voulons pour nous représenter
Un homme que jamais rien ne puisse dompter,
Ni l'espoir des honneurs, ni l'appât des richesses.
On ne nous séduit pas par de belles promesses;
Il nous faut des talents, il nous faut des vertus
Et que les députés que nous aurons élus
Versent de toutes parts les flots de leur lumière.
Cependant quel athlète entre dans la carrière?
Quel nous a rassemblés? quel prétend obtenir
Que nos votes sur lui se puissent réunir?
C'est un homme taré.

BALAINVILLE.

Messieurs...

VAULÉON.

               Un misérable
Qui pour m'avoir trompé n'en est que plus coupable.
Il se donnait à moi comme un grand citoyen,
Mais de le démasquer j'ai trouvé le moyen.

BALAINVILLE.

Traître!

VAULÉON (montrant un papier.)

       Chez le ministre il avait audience
Et voudrait-il encor parler de conscience!

BALAINVILLE.

Perfide!

VAULÉON.

         Contre lui, j'atteste sa fureur.
C'est un homme vendu, c'est un spéculateur
Qui pour un gros emploi livrerait sa patrie.
La souplesse chez lui compense l'ineptie.
Est-ce tout? non, messieurs: riche on l'a cru long-temps,
La baisse le ruine; avec ses commettants
Il fait, de ses emprunts, disparaître les gages.

BALAINVILLE.

Je ne puis demeurer en butte à ces outrages.

VAULÉON.

Il fit la contrebande.

BALAINVILLE.

Et tant d'autres la font.

VAULÉON.

Il était fournisseur.

BALAINVILLE.

Pour un pareil affront

Est-ce un motif ?

VAULÉON.

Messieurs, il *marrone* à la bourse;
De blés accapareur, il attaque à sa source
L'existence du peuple.

BALAINVILLE.

Arrêtez l'imposteur.

UN ELECTEUR (à Balainville.)

Il était votre ami...

BALAINVILLE.

C'est un faux électeur.

UN AUTRE ÉLECTEUR.

Il cabalait pour vous...

BALAINVILLE.

C'est ce dont je m'accuse.

VAULÉON

Ah! ce n'est pas ainsi, messieurs, qu'on vous abuse,
Je sais comment il fait mouvoir ses capitaux :
La côte de Guinée a vu de ses vaisseaux;
C'est de sang et de chair que son âme perverse,
Au mépris de nos lois entreprit le commerce.
Electeur, faux ou vrai, j'ai dénoncé des faits;
S'il peut les démentir vous voterez après.
(à Balainville , bas.)
C'est un autre que toi qu'à la chambre je porte
Et d'une clé d'airain je t'en ferme la porte,
Avare ! tu n'es pas sauvé par mon départ;
Je compte revenir dans un mois, au plus tard.
D'ici là tu croiras me voir dans la nuit sombre
Et pour te tenailler c'est assez de mon ombre !
Adieu !...   (Il sort.)

20

UN ÉLECTEUR.

Dans ce conflit le collége alarmé
Remettra pour élire à plus ample informé.
(Les électeurs sortent.)

SCENE X.

BALAINVILLE seul.)

Le scélerat triomphe et je rentre sous terre.
Il m'a, de son marteau, brisé comme du verre.
Dans ce rude combat l'avantage est pour lui
Et mon esprit vaincu reconnaît aujourd'hui
Que c'est l'opinion qui fait notre puissance.
Aux yeux des électeurs je perdais contenance,
Et pour me redresser j'ai fait de vains efforts.
Sans rougir désormais comment sortir dehors?
Comment oser porter l'aigrette à la parade?
Le roi me dira-t-il encor: mon camarade?
Je vas être rayé de notre légion;
J'ai manqué pour toujours la députation...
J'ai besoin de repos... il fuit quand je l'appelle...
Mille objets se croisant me fendent la cervelle;
Assis, je veux marcher; debout, je veux m'asseoir;
D'exécuter mes plans je perds enfin l'espoir.
Le bois m'est enlevé, la recette m'échappe
Et chacun de ces coups l'un sur l'autre me frappe.
Il faut plier bagage et tout dénaturer,
Mettre à bas tout le luxe et se claquemurer.
Ah! si me rattachant comme Antée à la terre
Je trouvais sous la main quelque bon coup à faire,
Et si par le secours du ciel ou du hasard,
Je pouvais ressaisir les rênes de mon char!...
On vient... remettons-nous...

SCENE XI.

BALAINVILLE, MADAME BALAINVILLE.

MADAME BALAINVILLE.

Balainville!...

BALAINVILLE.

Ma femme!...

Quels cris?

MADAME BALAINVILLE.

Le repentir me brûle de sa flamme !
On dit que d'Héricourt, on dit que Vauléon
Contre mon fils, tous deux, vont se battre.

BALAINVILLE.

Non.

MADAME BALAINVILLE.

Non ?

Mais de chez d'Héricourt je viens et son absence
Dans les bruits qu'on répand me fait avoir créance :
C'est notre fils, c'est Jule, il faut s'en éclaircir.

BALAINVILLE.

A quelle heure ? en quel lieu ? de quel côté courir ?
Chez madame Rivas j'ai promis de me rendre.

MADAME BALAINVILLE.

Chez elle ?

BALAINVILLE.

Sur ce point il est bon de s'entendre.

MADAME BALAINVILLE.

Cette femme... ah ! monsieur...

BALAINVILLE.

Il est bon de savoir
Des secrets que sans elle on ne pourrait avoir
Sur mon fils, sur l'objet que nous avons en vue
Et sur ce d'Héricourt...

MADAME BALAINVILLE.

Votre sang-froid me tue....
Vous calculez encor ! ah ! je vois, je vois clair
Que le cœur d'une mère est fait d'une autre chair !
Vous tuez votre fils par ces lenteurs fatales...

BALAINVILLE.

Chez Rivas, chez Rivas,... nos craintes sont égales...

MADAME BALAINVILLE.

Vous n'irez pas... c'est moi... le danger n'est pas là.
Qu'on mette les chevaux, holà, quelqu'un, holà.

(Elle sonne.)

SCENE XII.

Les mêmes, SARA, plusieurs domestiques.

SARA.

Ah! madame, ah! monsieur, la cause qui m'amène
Vous fera pardonner à l'excès de ma peine;
Jule, au bois de Boulogne, est allé ce matin.
Nous venons de l'apprendre et mon père, soudain,
A couru sur sa trace.

MADAME BALAINVILLE (à son mari.)

Allez y donc vous-même.

BALAINVILLE.

En aurai-je la force ?   (Il sort.)

SCENE XIII.

MADAME BALAINVILLE, SARA.

SARA.

O! de celui que j'aime
Puis-je encor, puis-je encor espérer le retour?
C'est vous... ah! c'est sa mère, en troublant notre amour,
Qui, sans ménagement à ce péril l'expose...
Sa mère...

MADAME BALAINVILLE.

Elle m'accuse! ah! si j'en fus la cause,
S'il succombait hélas! livrée à mes remords
Je voudrais, avant vous, mourir de mille morts.
Mon cœur est déchiré, je me sens criminelle;
Sara, vous méritiez qu'il vous restât fidèle.
Qu'il vive! c'est pour vous...

SARA.

Ah! qu'il vive!

MADAME BALAINVILLE.

Robert!

SCENE XIV.

Les mêmes, ROBERT.

ROBERT.

Monsieur Jule me suit et tout est découvert.

MADAME BALAINVILLE.

Il respire ?

SARA (se jette dans les bras de madame Balainville.)

Ma mère !...

SCENE XV.

Les mêmes, L'ONCLE.

L'ONCLE (à madame Balainville.)

A votre époux, madame,
Prodiguez les secours que son état réclame.

MADAME BALAINVILLE.

Lui ?...　　　　(Elle sort, les domestiques la suivent.)

SCENE XVI.

L'ONCLE, SARA, ROBERT.

SARA.

Qu'est-il arrivé ?

L'ONCLE.

Tant de coups à la fois
Lui rendent quelques soins utiles, mais je crois
Que nous le reverrons en peu de temps plus calme;
Pour Jule, de l'honneur il mérite la palme,
Devant lui Vauléon s'est enfui; d'Héricourt
A pris pour en finir le chemin le plus court.
On se mettait en garde et l'épée était nue ;
Il dit, en souriant: « la dame prétendue
» Ne vaudrait pas le sang que nous aurions versé;
» C'est une folle intrigue où je m'étais lancé.
» Je m'y livrais pour plaire à monsieur Balainville,
» A votre mère aussi... bref, un peu trop facile
» Dans l'échange et partout je suis allé trop loin.
» J'y renonce à présent et vous laisse le soin

» De juger s'il convient de pousser davantage...»
J'arrive, on suspend tout et le fer se dégage ;
Chacun remonte alors dans son cabriolet
Et vous allez revoir...

SARA.

Jule ! ô Dieu ! s'il savait
D'un cœur mal rassuré quelle est l'impatience !

SCENE XVII.

Les mêmes, DUBOURG.

DUBOURG.

Il est près de son père...

L'ONCLE.

Il est trop bon !

DUBOURG.

Silence !

Jurons que le passé restera dans l'oubli.
Vous avez quelque bien, j'ai quelque bien aussi...

L'ONCLE.

Je vous entends...

DUBOURG.

Laissons au ministre la place,
Remboursons les effets qui courent sur la place.
Obtenons de la femme, exigeons du mari
Qu'ils aillent habiter leur terre du Berry.

L'ONCLE (lui tendant la main.)

Touchez-là...

SCENE XVIII ET DERNIERE.

Les mêmes, JULE, domestiques.

SARA.

Venez donc !...

JULE.

Livrons-nous à la joie.

C'est mon père, vers vous, mon père qui m'envoie,
Et, par ce dénouement, trop long-temps reculé,
Le moins spéculateur a le mieux calculé.

FIN DE LA PIÈCE.

EXPLICATIONS

SUR LA COUPE DE MA PIÈCE.

J'ai divisé ma comédie en trois journées et en cinq actes, Corneille en fit autant pour ses premiers ouvrages, représentés à Rouen. Je suis maladroit de rappeler ce nom, qui fera tort au mien, mais je veux m'autoriser d'un exemple. Chaque acte a une infinité de scènes ; le nombre de mes personnages est grand. Ce n'est pas le mouvement qui manque à ma pièce. J'ai changé souvent de position et de lieu, mais j'ai respecté soigneusement l'unité d'intérêt et de sujet.

C'est le caractère des hommes d'argent que je veux peindre ; Balainville est mon type, je forme sa figure de mille traits que j'ai recueillis partout. Il y a déjà des pièces sur ce vice de l'époque qui consiste à faire, de l'or, un dieu : Picard, Delaville, Scribe et bien d'autres ont représenté des visages de cet ordre, qu'on a vus, reconnus et applaudis. Chacun a pris le rôle de son côté et peint le modèle sous une face. J'ai taché d'aller plus avant, de pénétrer au fond, de réunir plus de faits, et d'offrir une image complète de l'*homme aux écus*, dans sa famille, à la bourse, à la campagne, chez les ministres, aux élections, enfin dans les situations diverses où son instinct pouvait le mieux se faire jour et son caractère le mieux se développer.

Quant à Vauléon, c'est un maître fripon pour lequel je ne demande pas de grâce. Il se montre à nu celui-là et je pense que ceux qui ont fréquenté les ports, les marchés, la bourse, ceux qui ont ouï parler des tripots, des estaminets ; sans même y aller, savent bien qu'il existe de ces compères là, sinon avec la plénitude des mérites que je prête au mien, du moins avec toutes les dispositions propres à justifier la supposition que j'ai faite de leur assemblage.

J'ai voulu faire jouer tous les ressorts de l'intrigue dans un seul et même drame, et ne laisser en arrière aucun des traits qui pouvaient mettre en lumière toute la laideur de la corruption et de l'avarice.

L'entreprise était difficile ; pour moi surtout elle était téméraire. On sait maintenant comment je m'en suis tiré. En achevant la lecture de mes actes on en est peut-être fatigué. J'en demande pardon à ceux qu'ainsi j'ai ennuyés et endormis. Mais il faut pourtant que je les prie de considérer qu'il manque à mon œuvre ce qui pourrait la relever à leurs yeux : je veux parler du prestige de la scène.

Il faut un théâtre au poète dramatique ; il faut un public, une rampe, et tout ce mouvement des esprits qui animent une première représentation ; il faut des acteurs habiles et dévoués qui saisissent le plan, fassent ressortir les détails, cachent les défauts, mettent en valeur les beautés s'il y en a. Hors de là point de salut pour l'auteur de comédies; et, franchement, il ne saurait être jugé en dernier ressort tant que, par une foule de circonstances bizarres, il se trouve éloigné de l'arène où seulement il pourrait se produire avec quelques chances de succès.

C'est là ce que je voulais dire en terminant. Je prends toutes sortes de précautions contre les malentendus ; mais je crains, à vrai dire, qu'on ne s'en moque.

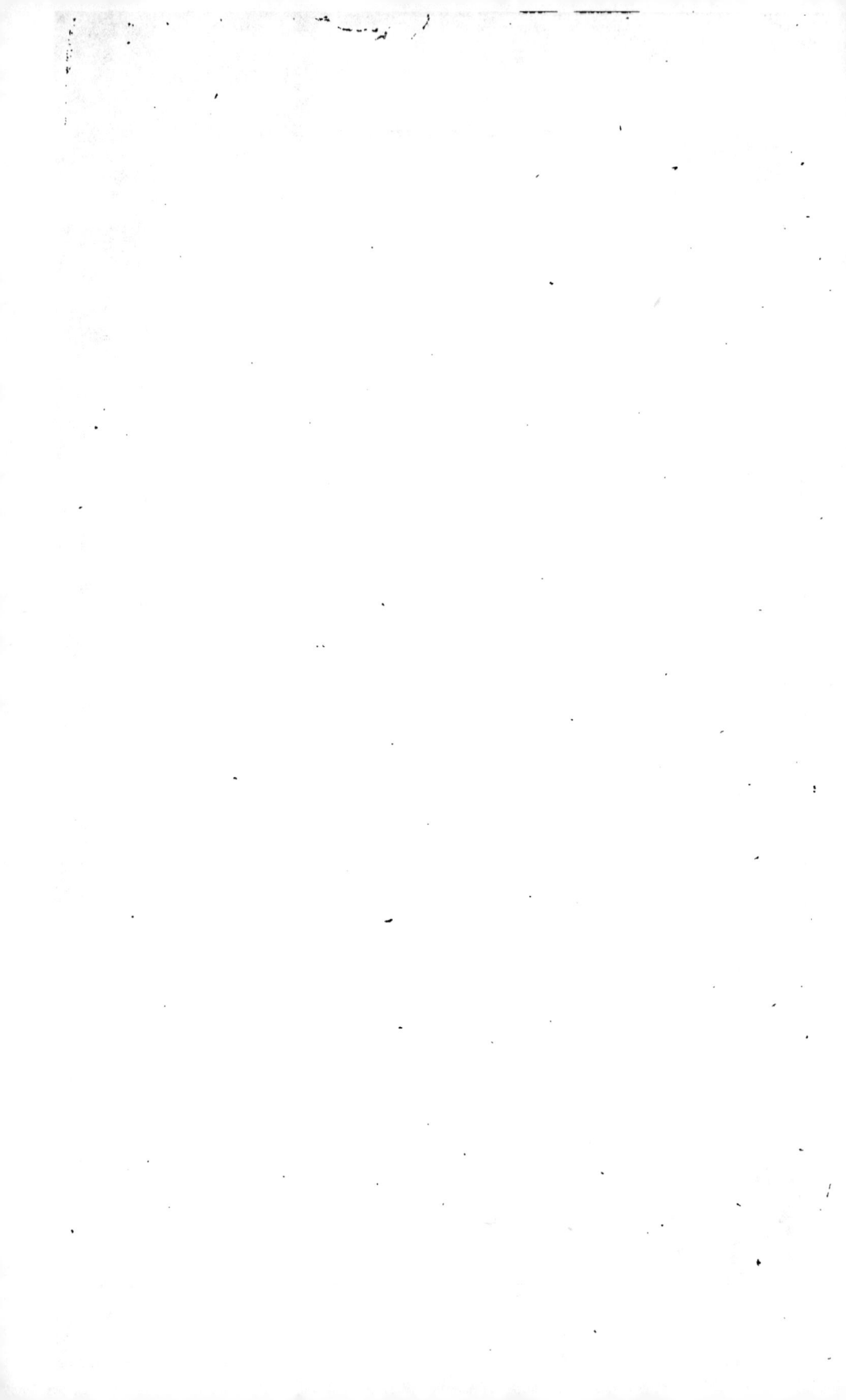

www.ingramcontent.com/pod-product-compliance
Lightning Source LLC
Chambersburg PA
CBHW072044090426
42733CB00032B/2219